JN255339

松下幸之助に学ぶ判断力

株式会社PHP研究所 専務取締役
佐藤悌二郎

アチーブメント株式会社 代表取締役社長
青木仁志

ACHIEVEMENT PUBLISHING

はじめに

長年、人材育成の仕事に携わってきて、多くの中小企業の経営者と接し、よりよい経営ができるようにサポートをしています。

経営者の意思決定プロセスに影響を与えて、経営者自ら正しい判断、選択ができるよう、意思決定の源となる考え方を提供すべく努めてきました。

経営における成功と失敗を深く研究し、どうしたら人は物心両面の豊かな人生を送れるかというテーマを研究し、倒産する会社の経営者には次の三つが足りないことがわかりました。

一．判断力

経営者に最も求められる能力です。会社の倒産は経営者の判断ミスがいちばんの理由です。

二．リーダーシップ力

リーダーシップとは一言で言えば、利他の心。世のため人のため、自分に縁ある人のためにという心構え、志に人はついてきます。

三．実行力

願望が明確になっていないことが実行力不全の原因です。自分はどういう会社をつくりたいのか、どういう経営をしていきたいのかという元となる目的に対する強い想い、こだわりが必要なのです。

これらの能力を開発する学びの場として、わたしは二十六年間、三万三千人以上が受講してくださっている「頂点への道」という戦略的行動力と戦略視点を養う講座を続けています。

松下幸之助さんは、経営に大切なこととして、素直な心と衆知をあげられています。原理原則に対して素直であること。原理原則とは何が正しいのかという真理と言い換えてもよいかもしれません。正しさとは、自分にとってもお客様にとっても社員にとっても株主にとっても取引先にとっても地域社会にとってもよいことであり、今だけではなく、これから先もよいことだと松下幸之助さんがおっしゃっています。

わたしは「日本でいちばん大切にしたい会社大賞」の審査委員を七年間務め、法政大学の坂本光司教授と一緒に、理想の中小企業経営とは何かを「人を大切にする経営学会」を立ち上げて追究しつつ、日本をよりよい社会にしたいと中小企業経営者の育成に情熱を傾けています。

その中で、松下幸之助研究の第一人者である佐藤悌二郎さんとの出会いがありました。佐藤さんにご指導いただき、敬愛する松下幸之助さんを学び、その行き方、考え方を実践してきました。松下幸之助さんは天が味方する、真理に近い経営ができた、本物の経営者だと思っています。

わたしの会社も経営がよくなり、松下幸之助さんのことをもっと知ってほしいという思いから、共著として上梓することになりました。経営者にとって判断力を養う一助としていただければさいわいです。

二〇一七年一〇月

青木仁志

第三部

経営のすすめ方

第一部

自然の理法にかなった経営こそ繁栄の道

成功する人と失敗する人の違いは、どこにあるのか？　この問いに、松下幸之助は私心があるかないかの紙一重のところにあるという答えを出した。公の心に立って物事を判断するためにはどうすればよいのか？　松下幸之助の経営思想に迫る。

成功する企業に必要なもの

昭和五十三年、松下電器（現・パナソニック）創業六十周年にあたる年、松下幸之助は「自分が経営において大切にしてきたこと」を著書『実践経営哲学』で二十項目にまとめました。

その第一項に「まず経営理念を確立すること」をあげています。基本となる経営理念、経営哲学に立って経営をおこなうことで、企業の健全な発展が生まれてくるというのが、六十余年の事業体験を通じて培った松下の信念でした。

松下が二十二歳で独立して事業を始めた当初は、明確な経営理念はなかったと言います。いわば食べること以外にはとくに考えもなく、いいものをつくらなくてはいけない、得意先を大事にしなくてはいけないといった社会通念で懸命に商売を続けていました。

それはきわめて大切なことではありましたが、商売がうまくいくようになると、しだいに世間の常識に従って努力するだけではいけないのではないかと考えるようになりました。

そして松下電器の使命、産業人としての使命について思索を重ね、「この会社は何のために存在しているのか。この経営をどういう目的で、またどのようなやり方でおこなっていくのか」という経営理念をもったときから、よりいっそう力強い経営ができるようになったと言います。

事業経営においては、たとえば技術力も大事、販売力も大事、資金力も大事、また人も大事といったように大切なものは個々にはいろいろあるが、いちばん根本になるのは、正しい経営理念である。それが根底にあってこそ、人も技術も資金もはじめて真に生かされてくるし、また一面それらはそうした正しい経営理念のあるところから生まれてきやすいともいえる。

『実践経営哲学』（ＰＨＰ研究所）

正しい経営理念があってこそ、正しい経営判断が生まれ、事業は必ず成功する。これが松下経営の真髄であり、松下は生涯、従業員への経営理念の浸透に情熱を傾けました。

松下が言う経営理念は、大きく二つに分けられます。一つはその事業、企業の存在意義・目的に対する考え方。もう一つは経営のすすめ方についての基本的な考え方です。

企業の存在意義については、昭和二年から四年にかけて、松下ははじめて明確な考えをもつようになりました。昭和四年に「綱領・信条」を定め、昭和七年にはそれを深めた「命知」として発表しました。「遵奉すべき精神」（昭和八年）、「〝一商人なりとの観念を忘れず〟という基本内規」（昭和十年）の二つを加えて、松下電器の存在意義として闡明しています。

本書では、松下の言葉を冒頭に引用し、松下電器の経営理念を一つひとつ追うことによって、お一人おひとりが、正しい経営判断の礎となる、正しい経営理念の確立を具現していただきたいと思っています。

よそから体裁のよい言葉をもってきた経営理念は本物ではなく、経営者自身のもっている哲学から生まれてはじめて確固たるものになります。

しかもその経営理念は、真理にかなったそれぞれの経営者の正しい人間観、人生観、社会観、世界観、自然・宇宙観に根ざしたものでなければなりません。

人間にとってどうすることが正しいことなのか？　心静かに、素直なものの見方、考え方で物事をとらえることができれば、正しい価値判断が下せると松下は言います。どちらがお互いの繁栄、平和、幸福に資する行き方なのか、より幸せに、より豊かになれるのかを、素直なとらわれない心で考えていくということでしょう。

自分一人では思いあぐねて判断がつかないときには、ほかの人の考えを聞く。たくさんの人の考えを聞けば、それだけより正しさに、言い換えれば自然の理法、真理というものに即することができます。ここで「素直な心」や「衆知を集める」という、よく知られた考え方が出てきます。

経営者の人間観、世界観がベースにあって、その上に経営のすすめ方があります。正しさに従う、真理に従う道が、松下がめざした経営です。

経営のすすめ方についての基本的な考え方には「自然の理法に従う経営」「適正経営」「自主責任経営」「衆知を集めた全員経営」「ガラス張り経営」「ダム経営」「適材適所の経営」「共存共栄の経営」「専業に徹する経営」といったものがあります。

たとえば、「適材適所の経営」は、誰もがその人にしかないものを天から与えられている。この地球上に誰一人として不要な人間はいないという松下の人間観に根ざしています。

それぞれに与えられた天分、持ち味、個性というものを仕事の中で見出して発揮していくことによって、その人はいちばん幸せになるし、いちばん成果もあがる。周囲の人たちにもその成果が及び、喜ばせることにもなります。だからこそ、天分を発揮させてあげよう、あげたいという思いで松下は従業員と接し、どの仕事につけてあげたらその人が活きるのかを常々考えていたのです。

それぞれが適材適所につけば、パフォーマンスの総和がいちばん大きくなり、おのずと企業を発展させていくことになるわけです。

松下ははじめから高い理想や志をもって起業をめざしていたわけではなく、いくつかの要素が重なった結果、独立することになりました。

大阪電燈で配線工として勤めていたとき、ソケットにちょっとした不便を感じて、自分なりに簡単に設置できるものを考案して上司に見せたところ、「こんなのは使いものにならない」と、一度ならず二度も突き返され、くやしい思いをしました。

何とかかたちにしたいと思っていた矢先、肺尖カタル（肺結核の初期症）にかかり、三日行っては一日休む、四日行っては二日休むという日々を繰り返し、日給制の仕事でなかなか安定した収入が得られない状況になりました。

病気がちの自分が休んだときでも、奥さんのむめのさんが代わりに働けるよう、しだいに独立を考えはじめました。最初はぜんざい屋とかうどん屋といった商売を考えたということです。

そんな折に、当時すでに亡くなっていた父・政楠さんの言葉が思い起こされました。松下が大阪・船場の五代自転車店で奉公をしていた十一歳のとき、母・とく枝さんとすぐ上の姉のあいさんが和歌山から大阪の天満に移り住み、あいさんが大阪貯金局で働いていた際に、給仕の募集があることをとく枝さんに告げます。とく枝さんも、九歳で丁稚奉公に出た松下が、読み書きも不自由なくできるように昼は給仕の仕事をして、夜は夜間の学校に行ったほうがいいと考えました。

奉公先の向かいの家の男の子が「行ってきます」と元気な声で学校に行くのを、いつも店の前を掃除しながらうらやましく見ていた松下も、これを喜んだわけです。ところが、政楠さんは「おまえは将来、商売で身を立てなさい。今から学校に行っても人に使われるぐらいのものだ。それよりもしっかり商売の勉強をしていったほうが優秀な人をいくらでも使えるんだから」と反対しました。のちに松下は、この言葉がずっと心に残っていたと語っています。

ソケットを何とかものにしたいという思い、病気がちだった自分の将来への不安、政楠さんの言葉。これらに動かされて松下は独立し、とにかく懸命に働く中で試行錯誤しながら、従業員や取引先との関係を通じて、徐々に「商売にとって何が大事なのか?」について自分なりの考え方、信念を深めていきました。

経営者は「どうすべきか?」「どちらへ行くのか?」という判断の連続です。その時々に「自分としてはこちらへ行きたいけれども、いろんなことを勘案するとこちらだな」と考えることも出てくるわけです。創業後十年ほどしたときに、松下は「どうすべきか?」「何が正しいのか?」を一つの軸にして考えていくことが、過たずに経営をするためには大事だと気づきはじめます。それを松下電器の経営理念としてまとめ、従業員に対して繰り返し訴えました。

後年、なぜ松下電器が発展したのかということについて、松下は、会社が小規模だったころから、商売を公事と考えてきたことや、従業員につねに理想を訴えてきたこと、会社の目標や方針を刻々に明示してきたことをあげています。

もちろん、必ずしも松下と同じ経営をすればいいというものではなく、自分の考えだけで経営をしていきたいという人は、それでもいいわけです。

ただ、せっかく先人の知恵があるのですから、活かさない手はありません。松下の考え方に学んで、「あっ、こういうやり方が大切なんだ」と気づき、それをすすめていったほうが成功する確率は高まってきます。

その積み重ねが社会全体の発展につながっていきますし、時代がすすめばすすむほど、より真理に、自然の理法に近づいたやり方、考え方ができるようになっていきます。

それでは、経営理念の一つ目、企業の存在意義について松下の考えを見ていきましょう。

第二部

企業の存在意義

自然の理法に即した経営をするために、松下幸之助は経営理念の確立を第一にあげている。経営理念は企業の存在意義と、経営のすすめ方に分けられる。まず一つ目の軸である、松下幸之助が言う企業の存在意義を探る。

企業は社会の公器

商売は〝私〟のものではない。私企業でありますけれども、その本質は、公の機関である。公の生産機関であって、会社の名において、あるいは、個人の名において運営しているにすぎないのであります。本質は公の機関であるから、値をまけるとか、あるいは集金を待つとかということは、すべて公の機関を預かっている公人として、ものを判断しなくてはならんと思うのであります。

そういうような判断が非常に鈍いのが、わが国の一つの習慣ではないか。これがある程度改まってこなければ、日本全体の繁栄というものが生まれてこないのではないかという感じがいたします。まあ、難しい問題でありますけれども、こういうことがいちばん大事な問題ではないかと思うんです。

私自身は、しからばどうしているかと申しますと、私は早くからこのことに気がつきまして、松下電器は〝私〟の機関ではない、〝公〟の機関である。一切の行動処置は公の機関を預かる公人としての判断をしなくてはならない。こういうことでやってきたと思うんであります。

したがって、価格をつけるのもそのとおりである。利益を加えるのもそのとおりである。一切の経営は、すべて公人としての見方である。そこに〝私〟というものがない。〝私〟の感情で仕事をしない。こういうことで、松下電器は小さいながらも、非常に強いものをもっておったと思うんであります。

（昭和35年9月20日・第2回中小企業社長経営労務研究会）

佐藤

「企業は公器」。松下幸之助は二つの意味からこう考えていました。一つは世の中に必要とされていなければ、その事業は成り立たない。必要とされているからこそ、人々が求めているからこそ、事業が成り立つということ。

もう一つはもともと社会のものである「人・もの・金・土地」等を使って事業が営まれているということ。この二つの意味で「公器」という言葉を使っています。

このような考えを松下がもつようになったのは、昭和二年から四年にかけてのころでした。自分の商売の意味を考えたときに、最初は生きるためだったものが、徐々に「何のためにやっているのだろう」と考えはじめ、いろいろなことがきっかけになって、「企業は公器である」という考えに目覚めていきました。

その芽生えは大正十一年ごろに税務調査を受けたところに見られます。当時はお寺に税務署員が出張し、町や商店の個人事業主が申告しに行くのが習わしでした。

ところが、松下電器（当時は松下電気器具製作所）がかなり収益をあげているので税務調査が入り、松下は正直に申告をしていたものの、見解の相違で申告以上に利益が出ていると、追徴課税されることになりました。

「どれだけもっていかれるのだろう」と二晩ほど眠れずに悩んだ松下は、「お金は天下のもの、世間のものであって、儲けは便宜上自分のお金ではあるけれど、よくよく考えたら国のものである。国のものを国がとりに来るのだから、悩んでいるのはバカバカしい」と悟り、一気に気持ちが楽になったと言います。

翌日、「必要なだけとってください」と税務署員に伝えると、「そこまでしなくてもよろしい」と、調査は簡単にすんでしまったということです。


またヘンリー・フォードの伝記を読んで、企業の社会性について学んだ経験などいくつかのことが重なり、「企業は社会の公器である。社会からの預かりものである」と考えるようになりました。

「業界の松下電器」であるから、自分たちの行き方が関係先にも非常に大きな影響を与えることになる。

松下電器のやり方に共鳴共感し、「ほかのメーカーとの取引はやめて、松下さんのところと一本でやりたい」という代理店がどんどん増えてくるなかで、その期待に応えられるよう、さらにしっかり経営をしなければならないと、松下は責任を感じはじめました。自分のことだけ考えているというのではすまされない。代理店さんのための松下電器でもあると。

こうして松下電器は業界あるいは社会的存在だと、「企業は社会の公器である」という考え方を確固たるものにしていきます。

いろいろな経験をし、思索を深めるなかでだんだんと自分から自分の周囲の人、社会、あるいは国というものに目が開かれていったのです。

青木

社会の中で求められているから企業は存在できます。だから人に必要とされる会社は結果的に存続します。まず誠実に世の中の求めに応じて一所懸命努力していくことが、会社経営では大切なことです。

もちろん資本がなければ会社は成り立ちません。企業であるかぎり、利益を追求するわけですが、その利益もよくよく考えてみれば、商品やサービスに置き換えて世の中のために使うわけです。だから、どこまでも「社会と共に」という言葉が経営に出てきます。


人は成長するにつれ、利己から利他に少しずつ意識変革していくのではないでしょうか。成長とは価値観の肯定的変化です。

〝衣食足りて礼節を知る〟という言葉のとおり、わたしも若いときはセールスで自分がナンバーワンになることしか考えていませんでした。マネジャーになったら今度はマネジャーとしていちばんになることをめざしました。

なぜトップなのかといえば、劣等感を払拭したかったからです。劣等感と隣り合わせになっているのが向上心です。足りないものを補おうと努力して、満たされたときから、プラスのモチベーションに変わりました。

しかし、白衣の天使と呼ばれたフローレンス・ナイチンゲールのように、恵まれた家庭で生まれ育ちながら、奉仕の精神も育んでいった人もいます。

親の大反対を受けながらクリミア戦争へ行き、当時の大統領にも手紙を出して物資を送ってもらうような、信仰心をもって多くの人のために生きたわけです。

尊い生き方とは、人のために生きられる存在になることだと思います。わたしにも当社の研修の基礎理論となっている選択理論心理学と出会ったときに、不満足な人間関係が引き起こすあらゆる不幸をこの世からなくしたいという「志」がなかったら、社員もここまで一緒に働いてくれてはいないと思います。経営者だけが儲かるためにつくった会社では、誰も働きたいとは思いません。

利己心による結びつきには限界があります。相手の価値を認めないから、相手からも自分の価値を認めてもらえない。お互いの尊重、尊敬がなければ、長期的な関係にはならないので人は離れていきます。長期的な関係にならないということは繁栄がないということです。幸之助さんの場合は、その高いレベルの思想に、多くの人が共感し、集まったのだと思います。

しかし、現実には節税対策にやっきになっている中小企業経営者がたくさんいます。本来ならば毎年どれだけ納税できるかを考えるべきです。事業を営めているのも、この国の平和のおかげなのです。一円でも利益を出して、納税額を上げれば会社の社会的な評価が上がり、社員が誇れる会社になります。

アチーブメントでは純利益の約三十パーセントを社員に決算賞与で還元しています。残りは内部留保し、多少なりとも配当する。これで結果的に豊かになります。毎年右肩上がりに成長していくわけです。経営者はきちんと納税を意味づけることが大切です。

わたしがこういう考え方になれたのは、幸之助さんの思想や先人の上質の思想に影響を受けたことは間違いありません。

幸之助さんの偉大な実績に、人は目を向けざるを得ないわけです。だからこそ、幸之助さんのことを多くの人に知ってもらいたい、最も真理から遠い世界に生きようとしている人たちにこそ、この本を読んでもらいたいです。

ただ、求めていない人を救うことは非常に難しいことです。求めるというのは、天が与えているチャンスです。貧しい思いをするから、お金の価値に気づき、価値を社会に提供するからこそ豊かになれると実感するわけです。一時的な飢餓状態は悪くないと思います。境遇的にも幸之助さんほど深い悲しみを味わった人はいないでしょう。だからこそ幸之助さんは真理に近づけたわけです。

ある経営者から「人を大切にする経営学会に入っているような経営者の会社には、労働組合はないのですか?」という質問をされました。

「労働組合のある会社はあります。しかし、私どもの会社にはありません」こう答えました。

経営者と従業員が対立するという発想すらもないわけです。わたしは最初から社員は家族だと思っています。もしかりに子どもが非行に走ったらわたしの責任です。

親として「お父さんの育て方が悪かったね。ごめんね。これからどうしてほしいんだい？」と聞きます。それで解決です。戦う発想なんてありません。

経営者として社員の監督役ではあるけれど、社員には愛をもって自由を与えたいと思っています。幸之助さんはわたしの何倍も愛をもち、世の中のためになる経営をめざされたから、あれだけの事業の繁栄があったのだと思います。

松下電器の綱領・信条

あの時分につくった綱領・信条というものが、今でも通用しているわけですからねえ。自分でもこれはたいへんよかったなと、今でも思っています。ただ、当時は将来に残る立派な綱領をつくろうと思ったわけやない。こういう考え方が正しいんやな、それが必要やなということを、自然に思ってつくったものなんです。

つまりですな、十人でも十五人でも人を使ってみると、錦の御旗というかよりどころというか、そういったものが要るんですね、早くいえば。もちろん、小さな会社の段階では、とにかく商売に精出し、一所懸命にがんばることに追われるわけで、それはそれで必要なことだし、当然のことです。

しかし、そうして毎日毎日を生きていくという状態の中にも、一面で、一つの理想とでもいうか、そんな考えが頭の中にあったんですね。

商売して儲かったらそれでいいということには違いないけれど、そこに一つ何か理念というものを考えてやるほうが〝強さ〟が出てくる。こういうものをこういう考え方でやっては人は使えないとか、こうやったほうが自分自身でもやりやすいとか、ぼくなりに考えたわけです。

ということは、経営者として、一人の商売をする人間として、自分のよりどころにもなる。自分の心の支えになりますわな。自分の心の支えを、同時に皆さんに訴えるということになり、それが言葉になって、綱領になってきたわけです。

（中略）

結局、人間という社会に、基本理念というようなものがあるとすれば、それはいつの時代でも生きているわけですね。そのつかみ具合とか、表わし方は時代によって違うかもしれませんけれど、その底に流れるところの理念は、人間の本質が変わらん以上は一緒です。そう思いますな。

（『30億』昭和51年6月号）

佐藤

綱領

営利と社会正義の調和に念慮し
国家産業の発達を図り
社会生活の改善と向上を期す

信条

向上発展は各員の和親協力を得るに
あらざれば難し　各員自我を捨て互譲の精神を以て
一致協力店務に服すること

昭和四年三月、松下電気器具製作所から松下電器製作所に名称を変更する際、松下電器の「綱領・信条」を発表しました。

当時、世間は昭和二年三月に起こった金融恐慌の余波で深刻な不況に陥り、各地で激しい労働運動が起こって、儲かっている会社は何か悪どいことをしているのではないかと疑われました。そうした風潮の中で松下電器は従業員が三百人を超えて、ランプ工場と第二次本店・工場の建設をすすめており、拡大の一途をたどっていました。

事業が伸びていたとはいえ、まだ町工場だった松下電器が、営利と社会正義を調和させながらやっていくという考え方を明示し、「社会」という言葉が二回も出てくる綱領を定めたことは注目に値するでしょう。

基本的な考え方は変わっていないものの、綱領・信条は昭和二十一年にそれぞれ改訂され、今日でもパナソニックの経営活動の根幹をなす理念として位置づけられています。

綱領

産業人たるの本分に徹し
社会生活の改善と向上を図り
世界文化の進展に寄与せんことを期す

信条

向上発展は各員の和親協力を得るに
非ざれば得難し　各員至誠を旨とし
一致団結社務に服すること

なぜ綱領と信条を定めたのかについてはそれほど詳しく語られていません。ただ工場の規模が大きくなるに従い、松下が直接全員と接する機会がなくなってきた中で、一つは従業員に精神的な支柱を与えるという意味で、もう一つは松下自身の心のよりどころにするために定めたということです。

松下は自分の会社が順調に発展するにつれ、同業者が潰れていく姿を見て気の毒に思い、心を痛めるようになりました。それが十年ほど続いたということですが、あるとき「そんなことにとらわれる必要はない。それ以上にたくさんの人に便益を与え、生活を豊かにしている」と気がついてからは心が軽くなったと言います。綱領・信条の制定はその時期に重なります。

「自分は正しいことをしているんだ」という確たる信念を自分自身に植えつけるために、「営利と社会正義の調和」「国家産業の発達」「社会生活の改善と向上」と、一つひとつ言葉にしていったと考えられます。

青木

会社とは、社員の集合体です。よい経営をするために、いちばん大事なのは思想、働く人たちの考え方だと思っています。当社ではそれらをコアバリューとして五つに定義しました。その後、世の中の求めに応じた経営をするために二つ増やして、現在は七つになっています。

個人の成長なくして組織の発展はありません。人材教育のコンサルティング会社だから、自社そのものがまず社員の育成ができなければ、他社のお手伝いをできるはずがありません。創業期には「教育基本法」に目を向けたわけです。

> 教育基本法　第一条「教育の目的」
> 「教育は、人格の完成をめざし、平和的な国家及び社会の形成者として、真理と正義を愛し、個人の価値をたっとび、勤労と責任を重んじ、自主的精神に充ちた心身共に健康な国民の育成を期して行われなければならない」

この定義が当社のコアバリューにつながっています。企業は人なりの言葉のとおり、国家も大きく見れば、人で構成されています。人に関する教育の仕事をする以上は、国家を支える真のリーダーを育てなければならない。そう考えて教育基本法から外れない経営をめざしています。

幸之助さんの経営哲学も、一つの良質の価値観にすべてがつながっているということに気がつきます。価値観が信念となり、信念が行動を生み出し、行動が現象をつくり出しているわけです。

社員の価値観が変わると、行動が変わり、現象が変わります。そこで「会社は何を大事にしているのか」を明示する必要があると思い、コアバリューというかたちで明文化しました。

『日本でいちばん大切にしたい会社』（あさ出版、二〇〇八年）の著者である法政大学の坂本光司先生が、当社の視察に来られたことがありました。

そこで新卒採用を始めた二〇〇五年から当時の新入社員まで一人ずつを応接室に呼んで、一人ひとり坂本先生の質問に答えてもらいました。

そのときに「中小企業の課題である採用と育成がしっかりできている」と坂本先生は驚かれて、大学で話してほしいと言われたことをきっかけに、客員教授にまでしていただけました。わたしはすごく運がよかったのです。坂本先生には一生涯恩を返し続けると決めていますし、今もよい関係を築かせていただいています。

運気をよくする最大の秘訣は、よい人と交際することです。なぜよい人と交際できるかというと「喜んでもらいたい」「大事にしたい」という気持ちがあるからです。

幸之助さんがおっしゃることを「きれい事」と言う人もいるでしょう。わたしは自社の小さな繁栄の中で、決してきれい事ではないと実感しています。

「動機善」の中に真の心の平安と繁栄があります。だからこそ、幸之助さんのおっしゃることはもっと吸収したいし、世の中の経営者に深いレベルで知ってもらいたいと思います。

知命

昭和七年にね、ある宗教の本山を拝観したんですわ。その宗教が、たいへん繁栄しているわけです。本山の諸施設を次々に拡張して、そのための製材所までやっている。全国から材木が献木されて、自ら製材している。一方、われわれの業界、また産業界は不景気で停滞、混迷している。

どうしてああいう真似ができないのか、どこが違うのだろうか……。われわれは、生活に必要なもの、品物を供給する。宗教は心の安定というか安心の心を供給する。われわれは、こういうものをやったら便利だぞという物をつくる。かたちは違うけれど、内容は一緒です。

しかも、われわれは科学を研究している。一方は科学なしです。われわれのほうが純粋であり、正直です。こっちのほうがはっきりしている。そのはっきりしているほうが倒産することはあり得ません。ところが倒れるところもあるという状態は、どこか違うところがある。一方は人を救うという一つの大義名分をもっている。使命がある。われわれは、儲けようという考えがすごく強い。違いはこれです。使命感というものがなかったわけです。

だから、われわれも同じことだ。必要なものを供給して、みんなの生活を豊かにするという尊い使命があるのだ、と考えました。これを自分だけでもっていてもいかんから、昭和七年五月五日、全員を集めてそのことを話したんです。きょうからは、松下電器は貧乏を征服し、物資に満ち満ちた世の中にするという使命を感じて仕事をやっていくのだ、とね。この使命を知った日が、松下電器の真の創業記念日ですわ。

この話をぼくが一時間ほどしたら、もう興奮のるつぼで、えらい熱を上げるんですな。きょうからは、使命を知ったから命知元年だというわけで、社内の空気もぐっと変わって、経営がしやすくなりました。そのへんが松下電器の経営思想、精神になったわけです。だから躍動した経営をやるとかやらんとかいうことは、頂点に立つ経営者が使命感——そりゃ内容はいろいろありますけれど——を一つもたなかったらいけませんな。指導者次第ということでしょうな。

（『活性』21号　昭和53年11月）

佐藤　綱領と信条を定めてから三年後に、「命知」が従業員に向けて発表されます。そのときはもう完全に迷いはなく、松下は産業人としての使命を打ち出すのです。

昭和七年の春、松下電器は従業員が千人を超える企業に成長していました。そんな折、あるお得意先から自分が信仰したことによって随分と心の平安が得られ、商売もうまくいくようになったので、「松下さんは確かに順調に発展しているけれども、入信したらもっと大きくなる」と、熱心に天理教本部を訪れる誘いを受けます。

松下は信仰する気持ちにはなれず、正直「うっとうしい」と感じていました。ところが、何度も何度も誘いに来るので、社会勉強のためと、一度きりのつもりで天理教のお山を案内してもらったのです。

そこで目にした光景に松下は驚きました。壮大な建物が建ち並び、チリ一つ落ちていない清浄な雰囲気の中で大勢の信者が静かに敬虔な態度でお参りをしている。さらに教祖殿を建てるための献木が全国の信者から寄進され、それを製材する製材所では奉仕の信者が喜々として作業していました。

「宗教があれほど隆々と栄えているのに、われわれ経済界は不況からなかなか抜けきれないでいる。この違いはいったい何なのか？」

お得意先と別れた帰路の電車に揺られながら思索し、家に着いても夜遅くまで考えに考えて、一つの結論に至ります。


宗教は人々の心に平安を与えている。われわれの仕事は人々の生活に必要な物資を供給している。〝四百四病の病より貧ほどつらいものはない〟という諺のとおり、心とものが相まって、人々は幸せに暮らしていくことができる。だから宗教とわれわれの仕事はまったく同じ聖なる事業ではないか。産業人としての使命とは、物資を水道の水のように安く豊富たらしめて、それによって世の中から貧困を追放し、楽土を建設することだ。

自ら歩んでいた商売の道に、真の使命があることを悟り、更けゆく闇夜の中で一人身を震わせます。

五月五日の端午の節句、大阪・堂島にある中央電気倶楽部に全店員百六十八名を集めて、自分が感得した「産業人としての使命」「松下電器の真の役割・使命」を闡明します。松下が三十七歳のときです。

「産業人の使命は貧乏の克服である。そのためには、物資の生産に次ぐ生産をもって、富を増大しなければならない。水道の水は価《あたい》あるものであるが、通行人がこれを飲んでもとがめられない。それは量が多く、価格があまりにも安いからである。産業人の使命も、水道の水のごとく、物資を無尽蔵たらしめ、無代に等しい価格で提供することにある。それによって人生に幸福をもたらし、この世に楽土を建設することができるのである。松下電器の真使命もまたそこにある」

話が終わったあと、「感想や所信を述べよ」と言うと、感激した店員たちはわれ先にと壇上に駆け上がって、次から次へとその思いを述べました。あまりに発言希望者が続くため、制限時間を一人三分から二分に、さらに一分に縮めなければならなくなり、まさに興奮のるつぼでした。驚くような熱狂的な状況がその場に生まれ、松下も言いようのない感激、感動を覚えたのでした。

綱領・信条をつくった当時はまだ完全に腹に落ちていなかった我が使命が、このときにはっきり自覚されたのです。

同時に松下は、使命達成のための「二百五十年計画」を掲げます。当時、生涯働ける期間はだいたい二十五年とされていました。建設時代十年、活動時代十年、社会への貢献時代五年、合わせて二十五年間を十節繰り返す。そうすることによって、この世を物資に満ち、富み栄えた楽土にする。それをめざしていこうという壮大な構想です。

その後、松下は、自身も経営者として、従業員やお得意先に言うべきを言い、なすべきをなすという力強い経営ができるようになった。従業員も使命感に燃えて仕事に取り組む姿が生まれてきた。いわば経営に魂が入ったと述べています。

「戦争がなかったら、どこまで大きくなったかわからない」と語るほど、松下電器は予想だにしない急成長をします。

この年は創業命知（真使命を知る）第一年とされ、以降、創業記念日として毎年五月五日に記念式典がおこなわれるようになりました。

青木

アチーブメントは企業理念を選択理論心理学が定義している「上質」に焦点を当てて、「上質の追求」と定めました。なぜ利益や売上の追求と掲げなかったかというと、人々が求めているものは質だからです。

世の中に必要とされるもの、すなわち質を追求すれば繁栄・発展していくと考えて、「わが社は選択理論を基にした、高品質の人材教育を通して、顧客の成果の創造に貢献し、全社員の物心両面の幸福の追求と、社会の平和と繁栄に寄与する」と、上質の追求を定義しました。

ですから、顧客、全社員、社会のどれか一つでもノーが出る場合には、どんなに儲けが出ることであっても実行しません。三方によいことだけを考えていきましょうというのが、最初に定めた事業目的です。

創業のときにつくった社是は「利他に徹し自己を愛せよ」です。満足を売り、喜びを売り、幸福を売る。絶対に空箱を売ってはいけません。

ブリタニカ時代にバイブルとして使っていたのはナポレオン・ヒルの『成功哲学』です。ここで定義されている成功は、夢や願望実現という個人中心の概念です。ところが、今は日本人の成功は、社会との調和に定義されるものだと思っています。どれだけ儲かっていても、社会と調和していなければ社会的な評価はされません。

資本主義社会は西洋で生まれたものです。ただ、人と共に生きる、人の役に立つ、人の力になる生き方をめざすことが、この国での成功の入り口だと思います。

幸之助さんのように、社員のために、取引先のために、社会のために生きている人が偉人として尊敬されます。三十万人もの人を雇用する会社とは、もはや一つの町です。その家族もいるわけですから。さらに関連する販売会社などが存在するわけです。

きれい事ではなく、多くの人に喜んでもらえる存在になりたいという純粋な思いはあります。もともと、ブリタニカという個人事業者の世界で、自分もそうだし、周りも利己的な人ばかりでした。

二十九歳でバイブルと出会って、三十二歳で創業しました。そのときに「利他に徹し自己を愛せよ」という社是をつくり、朝礼で唱和していました。黄金律を土台にした生き方をまっとうできるように仕事を始め、最初は技術も能力もなくて、約十年は苦労しながら、選択理論のカウンセリング技術を自分の得意なセールスにつなげて、三時間で一万八千円のセミナーなどをおこなってきました。

創業当時は信用もお金もブランドもないわけですから、ダイヤモンド社の教材を販売する代理店をしたり、当時最大の手帳会社だったデイ・タイマー社のロバート・ドーニー社長と会って日本法人をつくり、認定タイムマネジメントコンサルタントとしてP&Gやネスレといった外資系に手帳を使った研修を営業しました。

そんなところからスタートしています。試行錯誤の連続で、一九九〇年に横綱千代の富士のプログラムをつくって大量在庫になり、倒産寸前になりました。そのとき、知り合いの人から「青木くん、この在庫は引き取ったら倒産するよ。相手が儲けすぎているから、製作原価だけ払って、引き取れないと言え」という悪魔のささやきがありました。

けれども「自分がお願いしてつくっていただいたものなので、引き取らないという卑怯なことはできない」と思いました。この性格がずっと今までの自分を支えてきたと思います。人に迷惑をかけない。裏切らないことを信条にしています。

損得に関係ない意思決定をした結果、ほんとうに繁栄しています。当社の顧問である元参議院議員の木俣佳丈さんはわたしのことを「雨の日の友」と呼んでくださいます。人が困ったときほどそばにいる。周りから叩かれても、誤解されていたり、うっかり失敗をしてしまっただけというのは人間よくあることです。

愛は人を傷つけません。自分中心の考え方ではなく、何がほんとうに正しいのかという心をもって意思決定することを心がけています。

この三十年、損な決断もたくさんしてきました。ただ、「こうしたほうがいい」と思ったときは、その声に従ってきたのです。

松下電器の遵奉すべき精神

松下電器では毎朝、われわれが遵奉する精神を読もうじゃないかということで、最初、私が私自身に教えるために、そういうことを口ずさむことによって、毎日の仕事をするうえにおいて、あの精神に反している、これはいかんということで、自分自身を過たないために、ああいう精神を心にきざむ。同時にまた年若き社員の方々が入ってこられても、みんな前途ある立派な方々であるから、この方々がみんな独立自主の精神の持ち主になって、社会の有用な人になってもらうためには、強い精神力を培ってもらう必要があるというところから、朝会で、われわれが遵奉する精神を読むことにしたのであります。

（昭和三十六年一月一〇日・松下電器経営方針発表会）

当時私どもは、何と言いましても世間知らずでありまして、幼稚な点がたくさんあったと思うんです。何か心に目標をもたないといけない、そうしなければなんとなしに頼りない、という感じがいたしました。そこでどういうことが大切なのだろうかということを考え、そしてつくったのがあの七つの心がけであります。

われわれはまだ未熟やから、毎日この言葉に接していけば、大きな間違いも起こさんだろうというような意味であれをつくりまして、それを心構えとして今日までやってきたわけであります。

実は戦争の直後、ああいうことが必要であるかどうか、検討したんです。だいぶ時代も変わっている。あれは昭和八年でありますから、新しい時代となった戦後から見ますと、言葉も古いし、表現もいかがかと思いましたので検討したのです。

ところが、じっと検討した結果、なおこれをもってわれわれの目標にして間違いないだろうと、こういうことを再認識いたしました。われわれはまだまだ間違いが多いんだから、せめてこういうことでも目標にすれば、三つあるところの過ちが二つですむかもしれないと考えました。

幸いにわれわれがもっと進歩しますと、もっと内容のあかぬけしたものになるかもしれないと思いますが、根底に流れるものの考え方は、やっぱり変わらないだろう、当分は言葉もあのまま続けていっていいだろうというのが今日の考えでございます。

（昭和41年6月18日・松下電器社員への講話）

佐藤

当初、松下電器は大阪市の大開《おおひらき》町に本拠地を置いていました。それが第一回創業記念式典の翌年、昭和八年七月、現在の門真市に第三次本店・工場が完成します。その二ヵ月前の五月に松下は、事業部制を敷くと同時に、各事業所、各職場ごとに毎日、始業時と終業時に全従業員を集めて「朝会・夕会」を実施することにしました。それまでも小さい規模では一部の事業所で自発的におこなわれていたものを、全社の制度としてとりいれたのです。

病弱な松下も「朝会・夕会は教育の場である。その日の規律がつくようになる」と自ら前に立ち、仕事の心構えや日ごろ考えていることなどについてできるだけ話をするようにしました。昭和十六年にはそれらの話を『社主一日一話』としてまとめ、従業員に配っています。

そして昭和八年七月、門真に移転した直後、松下は「松下電器の遵奉すべき五精神」を定めます。綱領・信条と同じように、従業員の日々の心得として、また自らが経営をすすめていくにあたって、常々心の中に入れておかないといけない、意識しておかないといけないことを五つ（「産業報国の精神」「公明正大の精神」「和親一致の精神」「力闘向上の精神」「礼節を尽すの精神」）にまとめたもので、翌八月の朝会でも従業員にその趣旨を語っています。

さらに四年後、「礼節を尽すの精神」を「礼節謙譲の精神」に改め、新たに「順応同化の精神」「感謝報恩の精神」という二つの精神を加えました。

一、産業報国の精神

産業報国は当社綱領に示す処にして我等産業人たるものは本精神を第一義とせざるべからず

一、公明正大の精神

公明正大は人間処世の大本《たいほん》にして如何に学識才能を有するも此の精神なきものは以て範とするに足らず

一、和親一致の精神

和親一致は既に当社信条に掲ぐる処個々に如何なる優秀の人材を聚《あつ》むるも此の精神に欠くるあらば所謂《いわゆる》烏合《うごう》の衆にして何等《なんら》の力なし

一、力闘向上の精神

我等使命の達成には徹底的力闘こそ唯一の要諦にして真の平和も向上も此の精神なくては贏《か》ち得られざるべし

一、礼節謙譲の精神

人にして礼節を紊《みだ》り謙譲の心なくんば社会の秩序は整わざるべし正しき礼儀と謙譲の徳の存する処社会を情操的に美化せしめ以て潤いある人生を現出し得るものなり

一、順応同化の精神

進歩発達は自然の摂理に順応同化するにあらざれば得難し社会の大勢に即せず人為に偏《へん》する如きにては決して成功は望み得ざるべし

一、感謝報恩の精神

感謝報恩の念は吾人《ごじん》に無限の悦びと活力を与うるものにして此の念深き処如何なる艱難《かんなん》をも克服するを得真の幸福を招来する根源となるものなり

この中の一つ「順応同化の精神」には「自然の摂理に順応同化する」という言葉が出てきます。天地自然の理に即することが繁栄、平和、幸福を実現するというＰＨＰの発想が、昭和十二年の段階ですでにあったわけです。

さらに言えば、昭和七年の命知で、物心両面の調和ある豊かさの追求という基本的な考えが明確にされました。昭和二十一年十一月三日に、「物心両面の調和ある豊かさを通じて平和と幸福を実現する」理念と方策の研究・運動を開始すべくＰＨＰ研究所が創設されたもとになっています。

ちなみに、このころの従業員数は、「命知」のときが店員百六十八名、工員千名弱でした。翌八年には千五百人～千六百人に増え、昭和十年、株式会社に改組したときは三千人ぐらいまで急激に増えています。

朝会では必ず綱領・信条、遵奉すべき精神が唱和されるようになりました。毎朝のこの習慣は、お互いに自分たちの信念や仕事の心構えを確認し合い、新たな気持ちになって、全員一致の活動を生み出すことに大きな役割を果たしたのです。

綱領は「松下電器はどのような存在であり、何をめざすのか」という経営の基本方針であり、遵奉すべき精神はお互いが協力して仕事をしていくうえで、つねに心がけておかなければならない心得として掲げられたものと言えるでしょう。

この綱領・信条、遵奉すべき精神は、日にちの活動をすすめていくなかで、判断をするときの基準、よりどころとなるものです。

青木

人はその人の考えに基づいて行動していきます。あらゆる現象は心の投影であり、人は価値観に基づいて意思決定をしているわけです。

社員が何を求めて生きていくのかは個人の責任です。ただ、企業体は異なる願望をもった人の集合体です。全員が共通の目的・目標に向かう必要があります。遵奉すべき精神のように顧客、仕事、社会に対してどのような考え方で取り組むべきかという指針です。

組織のめざすことに対して共通の認識をもってもらうために、毎日唱和するのです。その人自身がよいと思う判断基準を、事前に教育によって心の中にしっかりとつくっていくことが大事です。

そこでどういう会社をめざしているのか、どういう経営をめざしているのかをきちんと伝えています。社員五百人から先、経営のバトンタッチをしたときに、この文化を維持できるかどうかは、それこそ幸之助さんのことを勉強させていただきたいと思っています。

システムとは公の約束です。そのシステムに命を入れないと、ある規模になったときにクオリティを保てません。そこでいちばん大事なのが、精神文化をどうつくり出していくか。一日二日ではできません。時間がかかります。

さまざまな企業の不祥事も判断基準が通っていない現象です。たとえば、何か会社で問題が起きたときに、先方の社長にお目にかかってお詫びをするのはわたしです。教育不足で申し訳ありません。わたしの不徳の致すところですと。全責任が経営者にあるわけですから。

わたしは必ず経営者に「どういう会社なのかを知ったうえで研修をお手伝いさせてもらいたい」と言います。大企業の場合は担当の責任者に対して、「うちの会社のことを知っていただいて、貴社の企業理念と弊社の理念との親和性を判断したうえで依頼してください」と言います。そうしなければ、いい仕事になりません。

コラム　Column

松下幸之助の師匠

佐藤　ダイエーの中内㓛さんと最後に会ったとき、松下が言ったのは「そろそろ覇道はやめて、王道を歩まれたらどうですか」という言葉です。しかし中内さんは受け流して、そのまま別れたと言います。

松下には王道、覇道という意識があったと思います。やはり自分は王道で行きたいという思いがあったからこそ、そのような行き方になったのでしょう。

青木　幸之助さんは王道の経営をされたと思っています。曹操と劉備玄徳の違いで、曹操は自分の部下を前線に送って戦死させて、奥さんをとってしまうわけです。でも力があれば、そういうこともできます。

その力をよりどころにしている人は畏怖によって統率します。それぞれに不信が根強くある場合には、最終的にいい組織になりません。関羽や張飛といった猛将が参画してきたのは、劉備玄徳の価値観すなわち人徳によってだと思います。

共存共栄の精神は、王道を歩んでいる人にしか考えられないと思います。覇道の人は一方勝利、必ず誰かが負けるわけです。幸之助さんはどこで王道を学んだのでしょうか?

佐藤　どこなんでしょう。「自分は耳学問だ」と言っていましたが、一人娘の幸子奥様によれば、本も結構、読んでいたようです。われわれの知らないところでも、宗教家をはじめたくさんの知り合いがいました。

青木　師と仰ぐ人が王道だったのでしょうか?

佐藤　商売の師という意味では、『仕事の夢　暮しの夢』(PHP文庫、一九八六年)の中で、大正末から昭和にかけて砲弾型自転車ランプの代理店として取引のあった山本武信さんと、ヘンリー・フォードの名前が出てきます。

ただ、「万物ことごとく我が師」と言っているくらいですから、よく松下がいちばん影響を受けた人は誰かと聞かれるものの、いちばんというのは難しいです。それは父の政楠さんかもしれませんし、丁稚奉公先の主人・五代音吉さんかもしれませんし、商売を学んだ山本武信さんかもしれません。あるいは、山本武信さんの顧問をしていて、その後松下と同居するようになった加藤大観さんもいます。いろいろな人、いろいろな事象を師としていたとしか言いようがありません。

尊敬する人としては、トヨタ自動車の石田退三さん、経営者仲間として、阪急グループの小林一三さん、江崎グループの江崎利一さん、サントリーの鳥井信治郎さんらとも交流がありました。こうした経営者の方々だけでなく、部下からも学んだことがたくさんあったと思います。

青木　五代自転車店に丁稚奉公していたときに「一割まけろ」とお客様に言われてしまい、安くして帰ったら主人に怒られて、泣きながら「自分が一度約束したことだから前言は覆せない」と訴えたという話も、人間的なずるさがないですよね。成長する過程で、王道を生きる価値観になっていったのでしょうか？

佐藤　その時期のエピソードで言えば、不正を働く仲間がいたわけです。要領がよくて、仕事はてきぱきとできて、非常に使い勝手がいいというか、間に合う仲間が店の品物を横流ししていたことが発覚したのです。

音吉さんは本人に将来があることだし、本人も悔いているので、一度だけの出来心だったと許そうとします。

ところが、松下はそれが許せなかった。「もしあの人をずっと使い続けるのであれば、私はおいとまします。辞めさせていただきます」と音吉さんに訴える。不正をする人と一緒に仕事をしたくないと、小さいころからものすごく潔癖なところがありました。

何もしていない松下を辞めさせるわけにはいかないので、結局不正を働いた人を辞めさせたわけです。ただ、その人はどこに行ってもあまりうまく勤まらなかったという話ですが。

だから、もともと生まれもった性格的なものはかなり影響していると思います。とにかく不正に対する嫌悪感をもっていました。その仲間が辞めたあと、店がとても明るくなった、十三歳の自分が店を改革したんだと言っています。

青木　父・政楠さんは相場に手を出しているじゃないですか。人に迷惑をかけるというか、自分中心の在り方に対して、問題意識があったのかもしれませんね。

佐藤　四歳までは乳母日傘《おんばひがさ》の豊かな生活。それが父親が米相場で失敗して一転、先祖伝来の家も田畑も全部とられて、ご飯も満足に食べられない赤貧の少年時代を送ります。

八人きょうだいの末っ子としてみんなにかわいがられて育っていたのが暗転して、九歳のときに、火鉢店に丁稚奉公に出され、十歳のときに五代自転車店に奉公替えするわけです。

音吉さんのお兄さん、五代五兵衛さんは私立の大阪盲唖院をつくった人なんです。その五兵衛さんも松下に大きな影響を与えた一人でしょう。五兵衛さん自身が盲目で按摩の仕事をしていました。家々に行くと、お客様から「この家を売りに出したいと思っている」とか「家が欲しいんだけど」という話を聞く。その仲をとりもって財を成した人です。目が見えないけれども、五兵衛さんは家に足を踏み入れると、その家の価値がピタリとわかったという話です。

その財をもって自分と同じような境遇の人たちがいるからと、大阪盲唖院を設立しました。松下の父・政楠さんは大阪盲唖院に勤めていたので、政楠さんから五兵衛さんについて話を聞くことも多かったと思います。

五兵衛さんも音吉さんの店によく来ていて、家まで送っていくのが松下の役目でした。送っていくときに「こういう考え方をせなあかんよ」「あぁせなあかんよ」というようなことを、道すがら話してもらったと言っています。

五兵衛さんのような社会起業家的なことをやっている人を身近に見てきた経験が、後年の松下の社会活動や社会に対する関わり方に影響を与えたと思います。

青木　わたしも父親が鉱山経営をしていて「とくにおまえには苦労をかけたな」と、死の半年前に言われました。父親を見て、こういう生き方をしてはいけないというものが自分の中にあって。なぜおやじは金の苦労をしたんだろう？　なぜおやじは家族と一緒に生活ができない人生になったんだろう？　いろいろ考えたときに、父親は函館の工業高等専門学校を出たあと、資格を十数個とって優秀だったと思います。

でも、弱さからくる優しさというものが、いかに家族を不幸にするか。父親を反面教師にしている面がたくさんあります。

わたしは人間というものは強くなければならないと思っています。幸之助さんもレベルはまったく違うんだけれども、判断基準にはお父さまの相場の失敗がかなり大きな影響を与えたと思います。

佐藤　投機、博打嫌いは父親の在りし日の姿を見ていたからだと言っています。でも、一方では、さすがに父親は偉かった。自分の性格や能力というものをよく見ていて、「おまえは商売で身を立てよ」ということを言ってくれた。それがあったから今の自分がある。下手に給仕になって夜学に通っていたら、その後の自分の人生はまったく違ったものになっただろうと言っています。

政楠さんも「自分は相場に手を出して、みんなをこんな不幸な目に遭わせてほんとうに申し訳なかった」と、松下には折々に言っていたようです。

父親の気持ちを松下はひしひしと感じていたでしょうし、父が頼りにしていた長男、次男が亡くなり、幼い自分しか男は残らなかったので、父親が情けなく悲しい思いをしたのを、何とか自分が盛り返して、没落した松下家を復興させたい。それが父親の魂を救うことになると思っていたのではないでしょうか。

松下電器 基本内規

（略）

規模の増大は、経営に於いて「放漫」を招き易く、人に於て「驕傲《きょうごう》」の気風を醸成し易いと存じます。

この点私は最も注意しなくてはならないと存じます。殊に松下電器は皆様に育てて頂いて、どうにかここまで成ったのでありまして、この点最初より相当の規模を以て営業した会社などの場合とは、著しく性質が異なるので御座います。とりわけ、創業当初の生々しい記憶と、その後益々加わる皆様の御引立を思えば、この工場、この社屋いずれとして、松下電器一個のものではないという事を痛切に感じさせられるので御座います。

特に社内規にも、左の条項を加え、自らのいましめと致している次第で御座いまして、私共はあくまで、代理店の皆様方の御恩を忘れてはならないと存じます。即ち社内規

第十五条　松下電器ガ将来如何ニ大ヲナストモ常ニ一商人ナリトノ観念ヲ忘レズ従業員又其店員タル事ヲ自覚シテ質実謙譲ヲ旨トシテ業務ニ処スル事

この項目は店員のために作った内規では御座いますが、併《しか》しその精神は経営の諸般を通じた準則で御座います。

以上長々と申上げて参りました所は、とりもなおさず私の経営に従う精神であり、信仰で御座います。皆様方に於かれましても、充分私共の誠意を御汲みとり下さいまして、十二分に松下電器を御理解下さいました事と信ずるもので御座います。どうか皆様、この松下電器の経営精神に御共鳴下さいまして、行末永く御鞭撻御指導の程、併せて御愛顧賜らん事をお願い申上げる次第で御座います。

（代理店向け冊子『松下電器の経営精神に就いて』昭和11年）

お互いにもう一度、商売人に立ち返らねばならない。商売人ということは、卑しいことでも何でもございません。商売人というものは、正しい〝ものの価値判断〟をいたしまして、そのうえに決定される価格をもって物を供給し、そして社会の向上に努力をするというのが、私は商売人の姿であると思うのであります。

（昭和36年1月10日・松下電器経営方針発表会）

佐藤

昭和十年、従業員約三千名、約六百品目を製造する松下電器は、国内有数の電気器具メーカーに成長していました。

社会的な責任の大きさを痛感した松下は、より世間に開かれた経営をおこない、従業員の自覚を促すために、同年十二月、松下電器製作所から松下電器産業株式会社に改組し、事業部門別に九つの分社を設立します。

その一ヵ月前、十一月に「松下電器 基本内規」を制定しました。その第十五条に「松下電器ガ将来如何ニ大ヲナストモ常ニ一商人ナリトノ観念ヲ忘レズ従業員又其店員タル事ヲ自覚シテ質実謙譲ヲ旨トシテ業務ニ処スル事」とあります。松下電器が発展するにつれ、得意先に対して高慢な態度をとる従業員が出てくるなど、松下は社内に驕傲が生まれつつあることを危惧していました。そこで、会社がどんなに大きくなっても「一商人である」という観念を忘れないようにと、従業員に訴えたのです。

一商人とは何か？　一つは「商売の意義がわかっていること」。何のためにこの商売をしているのかを理解していること。二つ目は「相手の心が読めること」。相手が何をしてほしいと思っているのかがすぐに察知できること。三つ目は「人よりも頭が下がること」。卑屈にならず、誇りを失わないで、謙虚な心をもつことです。

松下は、この三つが商人の条件だと言っています。世のため、社会のために存在しているという自覚に立って、つねに相手を慮り、人々の役に立つよいものをつくっているという誇りをもちながら、謙虚に頭を下げる姿勢を求めました。

できるだけたくさんの人に便益を供したい、豊かになってもらいたいという思いで商品をつくり、販売する。そうして世の中に貢献した報酬が利益として返ってくるのです。

当時、松下電器は、商品によっては国内で独占的なシェアを占めていました。

しかし、松下は相手を負かし、自分のところさえ儲かればいいという発想はしていません。お客様に喜んでもらいたいと思い、努力してつくったものを世に送り出し、他が伍していくことができなくなって、結果として独占的になっていったのです。

広告・宣伝も売るためではなく、「こういうものができました」「これをお使いになったら、皆さん便利に豊かに生活ができます」と、知らせるためにおこなうものだと考えていました。

ほんとうに役立つもの、喜ばれるものを提供すればどんどん売れていきます。組織もおのずと大きくなっていきます。

その後、松下が、社員の守るべき規範を事細かな文言として掲げたことはありません。しかし、綱領・信条、命知、遵奉すべき精神、基本内規に反するような行動をとっていないかと、戦後も繰り返し繰り返し、従業員に問うています。

とくに「業績がよいときほど、人間は驕り高ぶる面が出てくる」ということを意識して、注意を促していました。

〝一商人〟としていかにあるべきか――。判断に迷いが生じたときに立ち返るべき松下の行き方だと言えます。

青木

「相手の望みをかなえることを自分の望みとする」。これが商売の基本です。だから、相手の望みを知り、その望みをかなえる誠実さを大事にしたいのです。お客様は商品やサービスを、支払ったお金以上の何倍もの喜びを期待して購入されるわけです。たとえば、アチーブメントはセミナーではなく、達成の技術を売っています。

研修を売ろうと思うと、日数は短いほうがいいし、フォローはないほうがいい。しかし、当社の商品は三年で六回の再受講システムのうえで、無料で徹底したフォローをします。じつはあまり合理性を追求してはいません。〝損して得とれ〟という言葉をすごく大事にしています。お客様に喜んでもらうことを第一としていけば、いちばんの協力者になってくださる。それが商売人の基本だと思い、社員にも伝えています。

営業にも常々「誠実さを補うスキルはない」と言っています。最高のセールスパーソンというのは「あなたにすべて任せます」と言ってもらえる人間です。スキルは大切です。ただ、信頼の確立はテクニックではありません。社員には、絶対に不利益な提案はしないとお客様から信頼していただけることを第一に働いてもらえれば満足です。

「アチーブメントさんはやり方がうまいですね。儲けてますね」

こう言われることはまったくよい評価だと思っていません。

「青木さんの会社はとにかく責任をもった仕事をしてますね」と言われたい。社員にもそうなってもらいたい。その姿勢を貫いて大きくなれないのであれば、社会が求めていないのだから仕方がありません。誇りがもてない仕事で大きくなってもうれしくないのです。

儲けは果実です。よい苗を植えて、しっかりと環境を整えて育てることが大切です。環境に合わせて条件を整えていく。すなわち真理に即していけば、組織は社会に必要とされて利益が出て存続できます。

一時的にはうまい話でお客様を騙すことができても、二度は騙せません。裏切り続けるといつかは衰退します。

もしくは、経営努力によって自分たちだけが儲かるような独占的な市場を創造できるかもしれません。

しかし、長い目で見れば市場のバランスはとれていきます。永続的に繁栄するためには、利己的な判断ではなく、お客様の期待を裏切らないことが商売の鉄則です。

どれだけ規模が大きくなっても、この方針は変わりません。組織の規模が大きくなるとは、すなわち中心にある理念が浸透している状態にあるはずです。

ほんとうに価値ある商品をつくる。広く普及する。そこには当然、原価に技術やさまざまなサービスが付加された粗利が乗ります。営業利益が出たら、一点の曇りもなく無駄を排して利益を管理し、分配、内部留保、納税をします。これらすべてに純粋に取り組む真摯さが求められます。

経営者が核となる純粋な思いをもち続けた結果による繁栄は、バブルではないので崩れません。アチーブメントは資本金五百万円から始まり、今は二百倍の価値になっています。真摯な姿勢で一つひとつの仕事をしっかりおこなっていけば、社会が大きくしてくれます。そこには妥協してはいけません。妥協してはいけないものを妥協したときに崩壊を招き、事業継承できずに売却せざるを得なくなります。

企業は規模を追うのではなく、繁栄して規模が大きくなっていくのです。そこには当たり前のことを当たり前にしながら、無駄のない、価値を創造し続ける経営があります。よいビジネスモデルをつくれば一時的に流行る会社はあります。しかし、長い目で見たら社会が答えを出しています。社会に必要とされないかぎり、存続はありません。必要とされる事業をしていれば、企業は繁栄します。

コラム　Column

道の経営

青木　日本的経営は道《みち》の経営なんだと思います。「商売道《しょうばいどう》」。道は自分を高めていくことだから、人を負かすことではありません。西洋はどちらかと言うと、勝ち負けなんだと思います。

震災で日本人のモラルが海外の国に称賛されました。日本人の根本にあるものは共存共栄の精神に基づく考え方ではないでしょうか。

「人の道」「人としての在り方」を経営でも追求するのは、日本的な経営のよさだと思っています。

ある会社の経営者が「東京オリンピックまでに上場」と、必死になって上場準備をすすめています。景気のよいときに会社を高く売り払って、自分だけ儲けようと思っているのです。

上場後、株主になった人たちが損したら、どうなるかなんて考えていません。そういう考え方で経営をしていると、大した株価はつかないと思うわけです。


まともな会社は、上場しても社員が辞めません。経営者の志に共感していたり、将来性を感じるからです。仕事が喜びでなくなると、金儲けのゲームの発想になります。労働は苦役ではなく、働くことの喜びを教えることが日本的な経営だと思っています。

だから、わたしは一日でも長く経営者を続けたいと思っています。ただし、老いもあるので涙を飲んで後の人に託すわけです。

「ちゃんとこの会社の目的を守ってくれよ」と渡すわけですから、いくら才覚があっても心のない人間は後継者にしません。

だから、今年も何とか利益を出したと、すり抜けるような経営は考えていません。お客様と共に伸びていけば、利益が出て当たり前だと思っています。

今二千人いるＪＰＳＡ（一般財団法人日本プロスピーカー協会）の会員を一万人に

したいと思っています。会員の方々が年に一人紹介してくれるだけで一万件の契約です。

商売の極意は「と金経営」です。歩が成るとはどういうことか。お客様がプロスピーカーになって、さまざまなところで選択理論を講演してくれている。社会によい影響を与えながら、会社の商品もちゃんと使ってもらえるから社員も守られる。まさに三方よしです。幸之助さんも三方よしを大事にされていると思います。誰かを負かす発想はもたないほうがいい。

合気道の故・藤平光一先生は、武道の究極は相手が戦う気をなくすことだとおっしゃいました。つまり、戦わずして勝つのが究極なのです。負けることがわかっている相手に挑もうとする人間はいません。相手を攻めなくても、自分の力はつけておく。それが道の経営だと思います。人と比較することなく、自分の会社をしっかりと固める。だから社員教育や社内の環境整備に力を入れるのです。

社員にとって物心共に豊かな人生を与えられる会社でなければなりません。そのためには力が必要です。

しかし、力だけではなく、生きがいや働きがいといった心の豊かさを与えられるような会社が魅力的な会社だと思います。少なくとも感謝の気持ちをもっていない経営者の下では誰も働きたくありません。幸之助さんが八十歳を超えて、社員に深々と頭を下げられた映像を見たときには感動して泣けました。

佐藤　創業六十周年にあたる昭和五十三年の経営方針発表会だと思います。じつはこのとき壇上で松下は、冒頭から「このままいったら松下電器はダメになる。本来のやり方や理念に反している」と、ずっと言い続けていたんです。会場にいた岩井虔《けん》さん（PHP研究所元専務）は、厳しい言葉ばかりが続く話を、「せっかくのめでたい席なんだから、そこまで言わなくてもいいのに」と、ハラハラしながら聞いていたそうです。その最後の最後に、松下はこう締めくくりました。

「今から六十年前に、松下電器を創立したときはわずか三人だった。六十年後の今日では、十万人を超える人数になっている。子会社を入れると十万人を超している。そういう人たちがみんな松下電器で仕事をしていると思うと、わたしとしては夢のようである。ゼロからこれだけのことができたのである。六十年というと、個人であれば、〝還暦〟ということで、また元へ返って一からやり直すと。松下電器も、本日、もう一度元に返って、十万人から再出発するのである。この次の六十年には、わたしはもちろん、皆さんもおられないかもわからないが、とにかく発展したその巨大な姿は、想像もつかないほどになっていると思う」

そして、ツカツカと前に出て行って、「どうも皆さん、ありがとう」と、深々と三度頭を下げました。松下電器をここまで大きくしてもらったことへの感謝と、これからもお願いしますという切実な思いがあったのでしょう。松下が頭を下げるたびに拍手が大きくなり、会場は感動に包まれました。

第三部

経営のすすめ方

経営理念のもう一つの軸が経営のすすめ方に対する考え方である。松下幸之助は実際どのように会社を経営してきたのか？　事業をすすめる基本的な考え方を見ていく。

自然の理法に従う経営

先ほども、新聞記者諸君から質問を受けたんです。「松下さん、あなたは非常に成功したと思うが、あなたの成功はどういうところにあったんか、ひとつ話してくれ」ということでありました。私はそれに対して、こういう答えをしたんであります。「ぼくの経営方針というものは、まあ天地自然の法によるんだ」すると、「天地自然の法によるとは、難しいこと言うな。具体的に言うとどういうことか」と、こういう質問でありますので、「具体的に言うと、雨が降れば傘をさすことだ」という話をしたんです。それはどうも人をおちょくるような話ではないかということであったんでありますが、自分はそういうことを天地自然の法という表現を使ったのであります。

雨が降れば傘をさす、ということはきわめて自然の状態でありまして、暑くなれば薄着になる、寒くなれば厚着になるのと同じことでございます。これは、誰もそのとおりにやっているのでありますから、いわば皆が天地自然の法に基づく生活をやっておられると思うんです。しかし、こと商売ということになると、どうも天地自然の法にかなったやり方をなさらない経営を、私はちょいちょい見受けるんであります。

そういうところは、概して失敗していく。そうでないところは成功する。言い換えますと、天地自然の法にかなった経営をしておるところは成功します。これを具体的に申しますと、アホみたいなことでございますけれども、売れば集金をするということであります。これは当然の話でありまして、品物を売れば必ず集金をする。そして買ったものが一円であれば、一円十銭で売る。これが私は天地自然の法やと思うんです。一円のものを九十銭で売れば、天地自然の法にかなわないことであり失敗する。これはきわめては当然のことですが、そういうことが往々にしておこなわれているのを見受けるのであります。

（昭和35年9月20日・第2回中小企業社長経営労務研究会）

佐藤

松下は自分が成功した要因を、自然の理法に従う経営をしてきたからだと述べています。たとえるなら「雨が降れば傘をさす経営」であると。

よほど変わった人は別ですが、雨が降ったら傘をさすのが自然な姿です。そうすれば濡れないですむわけです。このように当たり前のことを当たり前におこなうのが、雨が降れば傘をさすということであって、当たり前のことを当たり前にすれば経営はうまくいくようになっていると松下は言っていました。

自然の理法に従えばすべてはうまくいくようになっている。経営、商売も発展し、個人の人生もうまくいくということ。この考え方の根底には、松下の自然・宇宙観がありま す。

昭和四十七年八月、松下は二十年以上にわたって人間の本質を研究した成果を『人間を考える』（ＰＨＰ研究所）としてまとめました。

その中にある「新しい人間観の提唱」の冒頭に、「宇宙に存在するすべてのものは、つねに生成し、たえず発展する。万物は日に新たであり、生成発展は自然の理法である」と書いています。

生成発展が自然の理法であるから、自然の理法、つまり真理に従えば、経営もあらゆるものもうまくいくようになっている。だから自分はどうしたら自然の理法に従うことができるかを考え、当たり前のことを当たり前に着実におこなってきた。その結果、経営がうまくいった。自然の理法に従うように、雨が降れば傘をさすように経営してきたことが成功の秘訣だと、松下は語っています。

これをたとえて松下は、商売であれば、百円で仕入れたものは、品質とかそのときの情勢に応じて適正な利益を加えた百十円なり百二十円で売ることだと言いました。原価で売ったり、あるいは九十円で売ったりすれば、これはもう理にかなっていないことだからうまくいくはずがないと。

やはり適正な利益を加味して販売する。また売ったら必ず代金を回収する。それを、売った代金を回収もせず、手元の資金が少なくなったからといって、他から金を借りるというのでは、自然の理法に反した姿になるわけです。

当たり前のことを着実にやっていけば、必ず利益が出る。うまくいかないほうがおかしいわけです。赤字の原因は当たり前のことを当たり前にやっていないからだと、松下は言っています。

物事を判断するにあたっては、何が正しいか、つまり何が自然の理法に従うことなのかを考えることが大切だということです。

では、自然の理法に従うにはどうすればいいか。そのためには何ものにもとらわれない素直な心で衆知を集めることだと松下は考えていました。

青木

幸之助さんは「素直な心」とおっしゃっていますが、多くの人は主観にとらわれてしまって、当たり前のことができなくなるのです。人間は感情に流され、易きに流されます。お客様から「予算がないので、講師料を半分にしてもらえませんか?」と言われると、受注したい気持ちが先走って「わかりました」と、お客様の言い値で応えるのが正しいと勘違いしてしまいます。アチーブメントでは講師料は一切値引きしないということを貫いてきました。

また、前受金で仕事をしているので、過去に踏み倒されたことはありません。ただ、約束した人数が採用できないときには、お客様から言われなくても採用コンサルティングの費用を返金しました。契約上で成果を保証しているわけではありません。しかし、お約束どおりにならなければ、お返しするのは当たり前です。

会社は内部留保できないと投資ができず、未来が切り開けません。そこで、間接人員の給料から、将来の投資を見越した利益を計算に入れて商品の価格を決定する。そこで値段が高いと思われないだけの満足をお客様に提供できる商品開発とアフターフォローをする。三日間で十七万五千円という講座は、それだけでは高いように感じられるかもしれません。しかし、たった三万円で同じ講座を再受講できるのです。

講座の中で「知る・わかる・おこなう・できる・分かち合う」という段階を踏んで物事を習得していくとお客様にお伝えしている以上、三年で六回の再受講制にしたのは、結果が出るまで責任指導するためには当たり前のことだからです。

そのあいだ、パーソナルコンサルタントが無料で付いて、研修した内容をわかりやすく落とし込めるようにフォローします。

もしお客様がわたしに質問をしたいときには、コンサルタントが代わりにヒアリングをして、わたしにあげてきます。

わかりやすく言えば、コンサルタントはわたしの代わりなのです。だからわたしとお客様をつなぐ役割をしている最中にフィーはもらわない。でもいろんな経営者のサポートをすることによってコンサルタント自身も育ちます。勉強させていただいているのに、お客様からお金をもらうとはとんでもないわけです。これも当たり前です。

「お客様からお金をもらいながら勉強させてもらえる。こんなにいい仕事はないですね」

こう言った知り合いのコンサルタントがかつていました。

「それは心得違いです。勉強させてもらうならお金を払わなきゃいけない。勉強させてもらいながらお金をもらうという考え方をしていたら、伸びないよ」と返したところ、「厳しいことを言いますね」と言われました。わたしは効率を追い求めていません。効果性を追求しています。満足してもらってはじめて価値ある仕事ができる。それが当たり前です。

一日も早く稼げる人間になるために、技術を磨く。その次は結果がまだ出ない人間の分まで力になれるように成長する。

そのために営業部では新人たちが自主的に合宿を張ったりするわけです。自分たちの成長のために、初任給二十数万円の新人の子が、一万円出して、少しでも早く会社にとって役立つ人材になろうと努力しているのです。

ですから、わたしも彼らの負担を少し減らせるように一部費用を出すわけです。

このような一つひとつが当たり前で、その違いが人生を分けるのではないかと思います。自分自身を振り返っても、相手の期待に応えようと思い、純粋に尽くすことで、結果的に多くの人からの協力を得られてキャリアが開かれました。

「何事でも人々からしてほしいと望むとおりのことを、他の人々にもそのようにせよ」というのが、わたしなりの当たり前のことを当たり前にすることの解釈であり、自然の理法に即することです。

適正経営

経営は人間が行うものである。そして、人間の能力というか、経営力というものは、人それぞれに異なるであろうが、いずれにしても人間は神のように全知全能というわけではないから、その力にはおのずと限度がある。

したがって、事業を行なっていくについても、そうした限度を考えつつ経営を行い、事業を発展させていくことが必要になってくる。自分の力、さらには会社の力を超えた大きな仕事をしようとしても、多くの場合失敗に終わってしまうだろう。それでは企業本来の使命も果たせず、社会のマイナスにもなる。だから、そのような、その時々における自分の力の範囲で経営を行い、社会に貢献していく。いいかえれば、適正経営という考え方がきわめて大切である。

（『実践経営哲学』ＰＨＰ研究所、昭和五十三年）

適正経営という言葉には非常にあいまいなものがありますが、この適正経営という言葉を使ったのは、会社の実力というものを、私はつねに判定しなければならないと思うからであります。これは会社が今もっておるところの総合実力というものにふさわしい経営ということだと思うんです。それが適正経営である。その実力に過ぎた経営というものは、必ず弱体化すると思います。

そうでありますから、企業体は自己の総合実力というものは何点であるか、ということをつねに検討しておかなければならない。それに見合う範囲までは適正経営ということが言えると思うんであります。それ以上伸ばす、それ以上多角化するということも、あえてやっていいと私は思います、やっていかんとは申しません。しかし、それにはそれにふさわしい実力が備わってきておるかどうかということであります。

（昭和40年2月11日・第3回関西財界セミナー）

佐藤

適正経営とは自然の理法に従う経営の一つと言えます。何事も無理をしたら長く続きません。無理というのは理がないことです。無理をしない経営をすることが、自然の理法に従う経営とも言えます。

その例として、経営者自身の経営力、あるいは会社の販売力、技術力、資金力等、さまざまな要素を的確に把握して、その力の範囲内で経営をしていけば、大きな失敗をしないで誤りなく経営をすすめていくことができると松下は言っています。

この適正経営の表われの一つが「事業部制」です。昭和八年五月に松下は「事業部制」を採用します。ラジオ、ランプ・乾電池、配線器具・合成樹脂・電熱器の製品群別に事業部をつくり、開発、生産、販売を独立採算でおこなう事業体にしたのです。「事業部制」を敷いたのは、松下自身が病弱で寝込むことも多く、先頭を切ってみんなを引っ張っていくことが難しかったので、自然と人に任せるしかなかったからです。

「事業部制」は自主責任経営の一つのやり方であり、衆知を集めた全員経営にも関わってきます。千人を束ねられる経営者というのは非常に少ない。しかし、五十人の組織なら経営できる人はたくさんいます。だからその人の力に合った適正な規模にして、それぞれの人に任せていけば、その分野については誤りなくすすめていくことができる。経営者の育成にもなる。「事業部制」は、ふさわしい人にその経営力の範囲内で経営をしてもらうという適正経営の姿であるわけです。

事業部長に一切を任せるのは、傍からは危険な経営手法に見えたかもしれません。しかし松下には、清水の舞台から飛び降りるような感覚はありませんでした。この「事業部制」は昭和二年に電熱部を新規事業として設立するときに、製造から販売まで幹部に一任した経験が萌芽となっています。

イチかバチか。うまくいくかもしれないし失敗するかもしれないことを、経営者としてやってはいけないと松下は言っています。

経営者は勝負で言えば、百戦したら百勝しなければならない。そのためには素直な心で「自分の力はどの程度あるのか?」と、〝自己観照〟することが必要になってきます。

松下の言う自己観照とは、自分の心をいったん自分の外に出して、その出した心で自分自身を眺めるように、客観的に自分をみつめることです。そうして自分自身をしっかりみつめて、自分がどういうものか、会社が今どういう状況なのか、資金力から販売力から人材の力から、あらゆるものを適正に的確に把握して、それに合った経営をすすめていけば誤りのない歩みができます。

昭和四年十月二十四日に「暗黒の木曜日」、ニューヨーク株式取引所で株式が大暴落、世界的な大恐慌が起こります。松下電器も売上が半減し、年末には倉庫が在庫で溢れ返ってしまいました。そのとき病床に伏していた松下のもとに幹部がやってきて、「この窮状を乗り切るには人を半分に減らすしかありません」と訴えました。

ところが、松下は「従業員は一人も解雇してはならない。生産半減のため、工場は半日操業や。しかし給与は全額支給する。そのかわり、休日返上で全員で在庫を売るんや!」と方針を示しました。その決定に従業員は歓声を上げ、一致団結して販売にあたった結果、二ヵ月後には在庫が一掃され、工場はフル操業に戻りました。

この話は松下の英断と見られていますが、このとき松下には、これまでの販売実績からすれば、六ヵ月で目処が立つという見立てがあったのです。

松下電器を将来もっと大きくしたいと思っているのに、会社の都合で調子がいいときに採用し、調子が悪くなると解雇するというのでは、従業員も非常に不安な気持ちになる。六ヵ月分の賃金を惜しんで従業員を辞めさせるよりも、はるかに将来の傷は浅いと判断した。その結果、二ヵ月で好転したわけですが、もちろん、うまくいかなければ、また次の手を打つという考えもあったでしょう。

ただ、松下はつねに将来の見通しをもったうえで決断をしていました。

青木

経営とは経営者自身の欲との戦いと言えます。欲が先行すると無謀な賭けに出たり、コントロールできないことでお金を儲けようとして、大きな損失を被ることになります。たとえば、人が育っていないのに新規事業に打って出る。一度掛け違えたボタンは、全部外してはじめから掛け直さなければならなくなります。

帰納法と演繹法、どちらで経営者は考えるべきかという質問をよく受けます。孫正義さんのような偉大な経営者は、演繹法をとるのかもしれません。

ただ、責任者が育っていないのに新規事業をおこなったり、規模を拡大すると、大きな痛手を被ります。現場に任せられなくなると、経営者が陣頭指揮を執らざるを得なくなります。本業まで揺らぐことになりかねません。

責任をもって仕事に取り組んでくれる幹部と一緒に仕事をする、拙速に拡大するのではなく責任の領域を着実に拡大していくから、コントロールが利きます。

マクドナルドのフランチャイズをしているある経営者は、昔からのオーナーなのでよい場所に出店できています。確実に利益が出ています。

しかし、自社で始める新業態の飲食店はことごとく撤退しています。同じ外食産業でもフランチャイズ店の経営ノウハウはあっても、オリジナルブランドを経営するノウハウが足りていないわけです。

もちろん、その反対のケースもありますが、足るを知ることが大切です。

選択理論では五つの基本的欲求（生存、愛・所属、力、自由、楽しみ）が満たされた状態が幸福だと定義しています。当社はこの領域において事業展開し、任せられる人を育てることができなければ、喉から手が出るほどその事業をしたくても辛抱します。そして私自身のコントロールできるところで、毎年着実に右肩上がりでの成長をめざします。

たとえば、ララクリニックという医療法人をグループにもっているのも、お客様に対する会員サービスの一環で、利益追求のためではありません。会員にかなりの割引をするのも、本業の人材教育サービスの一環だからです。

飲食事業（ジャックマカレル・サンドウィッチ、四四A2《よしあつ》）も、福島良篤《よしあつ》という志の高い料理長に任せられるから、店を任せています。

出版事業もすべて報告を受けて、わたしが意思決定をして方向性は示すけれども、お客様には「出版会社がうまくいっているのは、わたしではなく社員が優秀だからです」と言っています。

どんな人にも幸之助さんのおっしゃる限界があるのです。物事を知れば知るほど知ったかぶりをせず、いい意味で従業員を頼りにし、また従業員も頼りにされていると思うから、仕事に生きがいを感じて働いてくれているのではないかと思います。

任せられる人材かどうかは、本人が誠実かどうか、約束を守れるかどうかを見ます。だから福島料理長も彼の仕事に対する姿勢を見て、二年で彼の名前を冠した日本料理の店をもたせることにしました。

経営者をその気にさせる実力のある人間が責任者になっているときは大丈夫なんだと思います。アチーブメントシステムズの高梨賢取締役も上場しているIT企業の部長職で、選択理論を世の中に広めたいと思って支部活動している姿を見て信頼できると思ったわけです。

部下に適性能力があると思えば事業を広げるし、ないと思ったら我慢して、外部から仕入れる。自分たちのレベルがわかったうえで無理はしない。必ず人を見てどういう能力をもっているのかを判断して任せる。それがわたしなりの適正経営です。

自主責任経営

経営のやり方というものは無限にあるが、その一つの心がまえとして自力経営、自主経営ということがきわめて大切である。つまり、資金であるとか、技術開発その他経営の各面にわたって、自力を中心としてやっていくということである。（中略）

他力の活用もときに必要であり、そのほうが効率的な場合もあるが、やはり人間はそういう状態が続くと、知らず識らずのうちに安易感が生じ、なすべきことを十分に果たさなくなってくるものである。

また、企業の体質としても、他力に頼るところが多ければ、それだけ外部の情勢の変化に影響されやすくなってくる。たとえば、他からの資金、すなわち借金が多ければ、金利の引上げでもあると、それがたちまち業績を悪化させることになる。そうなっては、〝好景気よし、不景気さらによし〟といったように、いついかなるときでも堅実に発展していく企業にはなり得ない。

（『実践経営哲学』ＰＨＰ研究所、昭和五十三年）

近ごろ店の拡張された関係もあってか、全体の人がただ仕事をするということにとらわれて、もっと能率的にする方法はないかということには考えを及ぼさず、ただ事務的に流れてきた傾向がある。これではならない。これでは決して進歩は望めない。

われわれはわれわれの仕事を、いずれも一つの経営と考えねばならない。どのような小さな仕事もそれが一つの経営なりと考えるときには、そこにいろいろ改良工夫をめぐらすべき点が発見され、したがって、その仕事のうえに新しい発見が生まれるものである。

世間すべての人々が同じように努力しながら、成功する人はまれであるのは、いま言うところの経営の観念に欠け、何らの検討工夫をなさず、ただ仕事に精出しているにすぎないからである。

本所（当時は松下電器製作所）もかくのごとき人々の集団であるときは、その将来も危ぶまれる次第である。一人で世間へ放り出しても立派に独立独歩し、何をしても一人前にやっていける人々の集まりとなってこそ、所期の目的が達せられるわけであり、かつ、かく経営者たるの修養を積むことによって、諸君各自の将来も、いかに力強きものがあるかを考えねばならないと痛感する次第である。

（昭和8年12月16日・松下電器社員への講話）

佐藤

自主責任経営とは、文字どおり自主的に責任をもって、自らの仕事に取り組むということです。従業員一人ひとりが自分はこの仕事の経営者だと考えて仕事をおこなっていく「社員稼業」の考え方であり、組織的には、まさに他に頼らずに、自分たちの力で経営していく自力経営、自主経営の行き方です。松下はこのような自主責任経営をめざしていました。

「社員稼業」について話をするとき、松下はよく、夜なきソバ屋さんの例を引いていました。屋台を引いて、夜なきソバ屋を営んでいる主人は、たとえどんなに小さくても、自分自身が経営者であり最高責任者です。味づくりをはじめ、やることなすことの一つひとつが、即商売繁盛に結びつきます。だから、何事につけても真剣で、すべて自分の事業として物事を判断し、そこに精神を打ち込んでいるというわけです。

大きな会社の組織の一員であっても、一人ひとりが、この夜なきソバ屋さんの主人と同じような姿勢で自分の仕事に取り組めば、仕事に対していっそう張り合いやりがいが感じられる。そして、そういう気持ちでやれば面白いし、創意工夫も生まれ、成果も着実にあがってくるというのです。

松下は、自主責任経営の考え方を基本にしたさまざまな制度や組織をとりいれました。その代表的なものが、適正経営のところで述べた「事業部制」です。昭和八年というずいぶん早い時期から実施していて、それが松下経営の一つの大きな特徴をなしているのはよく知られたところです。

「事業部制」を導入したねらいについて、松下は二つあげています。一つは、事業部制にすることによって、はっきりと成果がわかり、責任の所在が明確になって、自主責任経営の徹底が図られること。もう一つは、一切の責任をもって経営にあたることが経営幹部にとって試練の場となり、経営者の育成が図られることです。

もっとも、「事業部制」を採用したのは、必要に迫られたからということもありました。事業分野が広がってくると、松下は体が弱くて病気がちだったこともあり、何もかも自分一人で見ることができない。人に頼んでやってもらうしかなかったのです。

とはいえ「事業部制」は、松下電器の中で、自主責任経営の気風を育てるのに大いに与ったと言っていいと思います。

青木

わたしの育った世界がまさにコミッションセールスのブリタニカでしたから、自主・自立は潜在的に刷り込まれています。

社員一人ひとりが経営者という意識で、組織の一員でありながらそれぞれが独立した存在であって、お互いに尊重し合いながら主体的に組織の共通の目的に向かって参画している。その人の自己実現の舞台を提供している。会社としてサポートしているという考えで経営をしています。

「ねばならない」という感覚では、モチベーションを維持できません。どれだけ主体的に自分の仕事としてとらえてもらえるかが経営者の手腕です。

そのためには、年齢ではなく実力に見合った報酬を支払います。ただ、不安定な生活を送ってほしくないので歩合はつけません。年に一度の決算賞与で還元します。

人を安く使おうではなく、どうしたらもっと高い報酬を払えるだろうかとつねに考えています。社員の立場に立てば当然です。

自分が公正、公平に評価されているという人事考課のシステムと、現場教育の両輪で、気持ちよく働けるようになります。

依存心と甘えが強い人を育ててしまうと、やってもらって当たり前。それから「もっとこうしてほしい」と不満をもちます。

そうならないように、毎週、全社会議で同じことを角度を変えて言い続けています。なぜなら、「これをしたくて経営をしている」というものがあるからです。そこに社員を巻き込んでいくのです。

経営者に求心力がなければ、組織が分散します。経営者は人心掌握。これを成し遂げて日本の社会に貢献していく、世界で活動し続けていくというメッセージを発信し続けて、「社長、わたしもそう思います。畚《もっこ》の半分を担がせてください」と言う社員にできるだけ多くの報酬を払えるようにすれば、そうして経営を磨いていけば、人は離れません。

離れるのは身勝手な人間です。自己中心性は致し方ありません。人間は自分の遺伝子を満たすために生きている存在だからです。それは尊重します。

でも個人ではできないことをするために組織があり、組織の一員として一翼を担い、大きな仕事・責任を果たせる人間になってほしいと思ってメッセージし続けています。

人間は弱いのでついコンフォートゾーンに向かってしまいます。楽なほうに流れるのが人間です。それは悪いことではありません。しかし、宿題をしてから遊ぶのか、遊んでから宿題をするのか。それを宿題をしてから遊ぶというのは教育の結果です。価値観に、どう成果から逆算したロジックでメッセージし続けられるのか、よい影響を与えられるかが大切で、意識しています。

とくに幹部には現場で直接指導します。SNSで適時適切にやりとりをしたり、日報へのコメントをするなど、報告・連絡・相談を徹底的に回します。そして、タイミングを失わないフィードバックをしています。フィードバックとは目標達成に向けて的外れなことをしていないかつねに観察して、的外れなことをしている人に対しては的に戻してあげることです。

これは呼吸のようなものです。その場で即時フィードバックをしなければなりません。あとでまとめてはできないのです。

時間を置くと部下は事実に対するフィードバックではなく、上司の知覚を押し付けられたように感じます。現象は事実、それをどう見るかが現実。言い訳をさせないためにはその場をとらえて事実を指摘するしかありません。そこで部下が何かを言ってきたら、具体的な手順・方法を示して、本人に考えさせる、それが育成です。

衆知を集めた全員経営

松下電器は衆知によって経営する。松下幸之助のいかなる努力をもってしても、会社の経営というものはできない。結局、全員の衆知が集まるような情勢下に置くことがいちばん大事である。

そういうような衆知が集まりやすいようにするためには、どうあるべきかということを、経営者が考えなければならない。私がいちいち命令し、全員が命《めい》これに従うというようなことでは、死せる軍隊のような状態になってきて、事業は大失敗です。

だからそうではなくて、みんなが発意しないといかん。みんなが発意し、それが素直に結集されないといかん。その結集されたかたちを、私は便宜上、命令のかたちにおいて出すんだ。こういうように自分は考えなければいけない。自己があってはならない、〝私〟があってはならないというのが、私が会社を経営するところの方針でなくてはならないと自問自答して、今日までやってまいりました。

（昭和36年8月7日・松下電器幹部社員への講話）

ワンマンということをいいましょう。しかし、ワンマンにもいろいろあります。かたちはワンマンであっても、その人がいつも国民なら国民、会員なら会員の心、考えを絶えず吸収していればいいわけです。

だから、私も小さい会社ながら、社長をやってきましたが、決して自分の気ままにはやりませんでした。創業者だし、一見ワンマンのようだけれども、つねに社員の衆知を集めて、やってきたわけです。たとえ、きょう入った人の言葉でも耳に入るようにしていますから、みんなの心をもっている。つまり、私の場合は、ワンマンにしてワンマンにあらず、ということで、これまでやってきたわけですよ。

（『Voice』昭和53年12月号）

佐藤

松下はどんなに賢い人でも一人の力、知恵には限りがある。だからできるだけたくさんの人の知恵を集める「衆知を集めた全員経営」をやっていくことが大切だと言っていました。

自分自身、学校も満足に出ていない、何も知らない人間だという自覚や思いをずっともっていたので、自分一人の判断に確信がもてないことも多かったと思います。

そういうときは、人に尋ねてみる。何人かの人に自分の判断について意見を聞けば、さまざまな見方に気づくことができる。独断ではなく、そのようないろいろな見方や知恵を集めて判断、決断し、仕事を誤りなく遂行していこうと考えていました。

「衆知を集めた全員経営」という言葉そのものは、後年、松下の言ったことに、私たちが名づけたものです。衆知は「新しい人間観の提唱」のキーワードで、この衆知こそが人間の天命、偉大さというものを発揮させる最大の力であると述べています。

自分は学問もなく、ものを知らないから、あらゆる人、あらゆるものから学ぼうと、まさに〝万物ことごとく我が師〟の思いでいたということです。

自分よりはるかに知識をもっている従業員はもちろん、新入社員からでも何でも、吸収したい、知りたいという好奇心の塊でした。そうした松下の姿勢、熱意が、おのずと多くの知恵を集め、衆知が活かされた経営の実現につながったのです。

個々の知恵、個々の力では人間に与えられた真の天命というものは発揮できない。それぞれが万物の王者とも言うべき偉大な存在であり、ダイヤモンドの原石のように磨けば光る無限の可能性をもっているとはいえ、一人の力には限りがある。たくさんの知恵を集めてこそ、人間の本質、本来の姿が発現され、活きてくる。したがって個々の人、とくにリーダーはまず自分の知恵を高めないといけない。併せて地位が上がれば上がるほど、できるだけたくさんの人たちの知恵を集めていくことが必要である。多くの知恵を集めればそれは神の知恵ともなると、そう言っています。

松下電器では昭和二十五年に提案制度が設けられ、パートの女性までたくさんの従業員がさまざまな提案をしています。多いときには一年で六百七十万件ほど集まり、優秀な提案には報奨金を出していました。

松下の口癖は「あんた、どう思う?」でした。いろいろな人に尋ねたものを、自分の頭の中に入れておいて、何か事があったときに判断のよりどころとしていたのです。

事が起こってから人を集めて善後策を考えるというのでは時すでに遅しで、事が起こる前に情報がインプットされていて、有事の際に答えが出せるようになっていないといけないということです。

会議をすることについて松下は快く思っていませんでした。日ごろからつとめて皆の声を聞き、衆知を集めようと心がけていれば、たとえ経営者が一人で事を決めても、その判断にはみんなの衆知が活きているはず。立ち話の会議をする程度が望ましいと考えていました。

ただ、衆知を集めるうえで大切なのは、聞いて流されないことです。「どう思う？」と聞いて、Aと言われたらAだなと、Bと言われたらBだなと、人の意見や考えに流されてばかりではいけない。自分の考えをしっかりもったうえで、どこに落とし穴が待っているか、注意すべきところはどこかを頭に入れながら、判断の精度を高めていくことが求められるのです。

「衆知を集めた全員経営」は、結局、人間はどうしたら喜んで仕事をするかにつながっていきます。すなわち、自分の考えが会社にとりいれられたらうれしいし、まさに当事者意識、経営者意識になります。衆知を集めることでやりがいをもたらすこともできるわけです。

松下は、聞きたいときにはすぐに担当者を呼んで、直接現場の意見を聞いて事を決するようにしていましたが、松下の最後の弟子の一人と言われる佐久間昇二《しょうじ》さんは、若かりし日の思い出として次のような話をしています。

当時ミシン業界のトップ企業が採用していた積立金制度を、松下は非常にいいやり方だと思って、その仕組みなり内容について調べさせました。

上司に指示された佐久間さんは、さまざまな調査をした結果、「松下電器ではやるべきでない」という結論を出しました。

ある日、松下に呼ばれた佐久間さんは、「あそこは一流の企業やないか。一流の企業がやってるのに、なんでうちがやったらアカンねん」と聞かれます。

「ものが出ていかないからお金が積み上がっていきますけれども、先のことを考えると問題があります」と佐久間さんは答えました。

すると松下は、「それはきみが調べたのか？　足を使っていろいろやって自分で調べた結果か？」と尋ねました。

佐久間さんが「全部自分の足で稼いで調べ上げたものです」と言ったところ、「わかった。ではやめよう」と、松下はその場で決断したということです。

佐久間さんは一担当者の自分の意見で、松下がやりたいことをとりやめたことに驚きました。しかし、結局、その企業の積立金制度は破綻してしまったのです。

一人ひとりが自主責任経営をしながら、お互いに知恵を出し合い、「衆知を集めた全員経営」をおこなう――そうすれば会社全体としてすばらしい成果につながっていくということでしょう。

青木

事実と真実と現実というものは異なります。真実は神のみぞ知る世界、事実は実存の世界、現実は一人ひとりがとらえている知覚の世界です。

経営者が自分の知覚だけを絶対視して判断することがいちばん危ないことです。わたしは本質的には能力開発のスペシャリストなので、自分の得意領域をよく知っています。たとえばグループの出版会社に対しては、すべて自分の考えが正しいとは思わず、書籍のタイトルなどは現場のみんなで話し合って決めてもらいます。

人事の担当者に、「働きがいのある会社の上位にランキングされている会社はどんな人事制度を敷いているのか、働き方改革が問われている中で、アチーブメントの改善するところはどこかにないか?」とよく聞きます。マーケティングについてはマーケティング責任者の話をよく聞きます。

また、顧問税理士、弁護士、社労士の先生など、専門家の知識を経営に活かしてきました。自分の求めている成果、ゴールのイメージがあり、そのためにはどうすればいいのか、意見を社員からも顧問からも求めます。

自分の立場と世の中に受け入れられることには乖離がある可能性があるので、自分の立場で「これが正しい」と思う、その正しさを疑ってみることが経営者には必要だと考えてきました。

衆知を集めるとは、部下からすると、経営者からの信頼を感じますし、結束を生み出します。任されるということは働きがい、やりがいも生まれます。

目的は世の中に貢献し、多くの人に喜んでもらうことなので、私心を抑えて衆知を集め、みんなにとって何が正しいのかを考えることが大事です。

幸之助さんがおっしゃる正しさとは、自分にとっても社員にとってもお客様にとっても取引先にとっても株主にとっても社会にとってもよいことであり、それも今だけではなくこれから先もよいことで、それを真理と述べられています。

真理は人の知覚の中にとらえている現実でしか理解できないので、人の話をよく聞いて、真理を本質的・長期的・客観的な視点で探ることでよい判断ができると考えています。

心から喜んでもらえること、役に立つことを求めて、我を捨ててみんなにとってよいことを追求していくのが繁栄の道だと思います。

幸之助さんは世間は正しいと考えていました。世の中のために事業が存在しているので、世の中の人が求めていることを実現することが事業です。世の中の人が求めていることに耳を傾ける、心を使う、その衆知の中に真理があります。

コラム　Column

どうすれば高い志をもてるのか？

青木　塩沼亮潤大阿闍梨さんが一九九九年に大峯千日回峰行を成し遂げられた要因として、志の高さをあげていました。平易な言葉で言うと、ダライラマを超える、ローマ法王を超える宗教人になろうと思った瞬間にあらゆる苦が苦ではなくなったと。大それた夢だとか、驕りだとか思う人がいるかもしれませんが、宗教人として志を高くもつことは尊いと思いました。

翌年にも九日間断食、断水、不眠、不臥を続ける四無行をおこなっています。生存率五十パーセントと言われる行を見事に終えられた理由を聞いていて、覚悟の違いを感じました。「成功させたい」という願望がほんとうに強かったから、失敗できないという健全な恐れが生まれて、素直になって達成方法も見えてきたのだと思います。

佐藤　そうだと思います。求める心がなかったら、そういうことはするはずもないわけですから。

青木　なぜ求める心が生まれるかという話に掘り下げられるでしょうか?

佐藤　それこそおっしゃったように、何としてもこれを成功させたいという願望になりますね。

青木　燃えるような願望ということですよね。そうすると、その気持ちが強くないと。

佐藤　つながっていきますね。あとはやはり無知の知ということも必要でしょう。自らを恃《たの》む人は人の意見を聞かないし、独断で、自分の思いだけですすみます。自信がある人はそうなんでしょうけど、松下はその面では自信がなかったんでしょう。これが正しいと思うものの、ほんとうに正しいかどうかというところが。

青木　幸之助さんが自信がなかったというのは、真理に対して従順であるからこそ、そういう気持ちになるのでしょうか？

佐藤　自然の理法に即したい、従いたいと求めていたのでしょう。

青木　自然の理法に従いたいという熱烈な思いはどこから生まれるのかというところですね。これはまた成果志向とは違いますよね。

佐藤　違いますけど、でもそうすることで物事がうまくいくわけですから。

青木　「何としても成功させたい」という、燃えるような願望ですね。

佐藤　それがやはり元でしょう。熱意、熱情。どうしても二階に上がりたいという人が梯子を思いつくということを言っているわけです。熱烈に思ったら、それを実現するための方法、手段というのは必ず思いつく、考え出されてくると言っています。

青木　何としても成し遂げたいという熱烈な思いが成功の出発点ですね。

佐藤　そこにまた「自分のため」か、「社会のため」「国のため」か、ということが出てくるんだと思います。その願望が「自分のため」という私心から発しているかぎり、いっときは成功するかもしれませんが、長く繁栄することはできないでしょう、真理に外れていますから。やはり公の心をもって、これが世のため人のためになるから何としても実現したいという願望をもてるかどうかなのかもしれません。そうすると、〝千万人といえどもわれ往かん〟という勇気が湧いてくると松下は言っています。

ガラス張り経営

私どもの会社の経営の基本は、一切がガラス張りであります。私は、十人二十人の人を使っている時分から、決算はガラス張りにいたしました。一ヵ月ごとに決算いたしまして、今月は何ぼつくって何ぼ売って何ぼ利益があがったということを、小僧さんにいたるまで全員に公開いたしました。「どうもありがとう。来月もまたしっかりやってください」ということでやってきたわけです。

株式会社であれば当然決算は公開しなければいけませんけれども、個人経営のときは公開しなくてもいいわけです。税務署さえ通ればそれでいいということになります。しかし、私は税務署を通る通らんということは第二として、実質を社員に公開する。その時分は社員という言葉を使わず、個人商店ですから店員という言葉を使っておりました。店員に全部それを公開してやってきた。そこから、会社は個人経営であるけれども松下幸之助の経営ではない、〝全員の経営〟であるという感じが自然に生まれてきたように思うんです。

だんだん大きくなりましても、その考え方はちっとも変わらず、今日まで伝わってきております。ですから、〝松下電器の経営は全員の経営である〟ということを今日みな口にするようになっているわけです。そういうところに指導精神が自然に強くなる一つの原因があったのではないかと思います。

（昭和44年10月29日・有恒クラブ経営懇話会）

佐藤　松下は創業してすぐにガラス張り経営を実践していました。従業員がまだ十人前後のころから、毎月これだけ売れてこれだけ儲かったということをオープンにしたのです。

後年、その理由を「一所懸命働いてくれた従業員に伝えるのが礼儀だと思った」と語っています。

もう一つは、当時ソケットは練り物でできていました。その原料や製法は企業秘密で、どこの工場も身内にしか教えていませんでした。

ところが、松下はその日入った人でも、「これは」と見込んだ人にはその日のうちに全部開示していたのです。それを同業者は非常に危惧して、「あんたがそんなことをやったら、みんなその技術を自分のものにして独立して自分でつくるようになる。同業者がどんどん増えていくから、やめてくれ」と忠告しました。

松下は「そんなことを言っていたのでは、従業員たちのやりがいにつながらないし、会社も大きくならない。それよりもどんどん公開したほうが、自分なりに創意工夫して、さらにいいものをつくってくれるようになる。人というのは信頼したら、みだりに裏切ったりするもんじゃない。だから自分は、この人はという人であれば積極的に教えていくんだ」と言いました。

身内で固めて秘密にすることは、最初から全然考えておらず、従業員はみんな家族だ、だから秘密がないのは当然だということでしょう。

なぜ初期のころからガラス張り経営ができたのか、なぜ松下が人は信頼に足る存在だという見方をしていたのかはわかりません。

ただ、従業員に裏切られた記録や話は残っていませんし、ひどく騙された経験もおそらくなかったのでしょう。

ガラス張り経営の結果、松下は従業員がものすごく喜んでくれたと言っています。

自分たちが働いた成果がどんなかたちで実っているのかを知れば、やりがいが感じられます。いくら儲かったのかがわからなければ、経営者が搾取して、自分たちは雀の涙ぐらいの給与しかもらっていないというような疑いの目を向けることもあるかもしれません。

すべて包み隠さず伝えることによって、「そんなに儲かったんですか。それはよかった。来月はもっとがんばって売上をあげましょう。利益をあげましょう」ということになった。従業員に、自分たちの会社なんだ、自分たちの工場なんだという気持ちが生まれてきたわけです。

まさに人情の機微をわきまえた行き方で、このガラス張り経営は、自主責任経営や衆知を集めた全員経営にもつながってきます。こうした経験があったから、松下はその後もずっとガラス張り経営を心がけたと考えられます。もちろん、個々人の給料など、隠さなければいけないものはありますが、しかし、全体の人件費を含め、直接費、間接費はすべて社内に共有されています。これはPHP研究所にも踏襲されてきました。社外に漏らそうと思えば漏らすこともできますけれども、社員を信頼しています。

昭和十年に、松下がそれまで個人経営であった松下電器製作所を松下電器産業株式会社にした理由も、資金集めのためではなく経営の透明性を高めるため、松下電器がどういう会社でどういうことをしているのかを世の中に知らせるためでした。

社内で経営状況についての認識を共有していれば、業績が芳しくないときも「じゃあどうするか」という手をみんなで考えることができます。本来はそのためのものなのです。全部知らせることによって、衆知を集める場合でも誤った判断が少なくなる。ガラス張り経営にしないと、それぞれが正しい情報をもてないので、誤った考え方になってしまいます。

松下電器が創業された大正七年ごろは、一町工場が従業員に数字を公開する必要などまったくなかったわけです。それをあえてやったということですが、従業員から「これだけ儲かっているのなら、もう少し分配してくれ」といった声が出ることはなかったと松下は言っています。

また、秘密主義をとらないことで、経営者が私腹を肥やすようなこともできず、自分自身の行動を律することになります。公明正大の経営をしていくためにも、ガラス張り経営は大事なのだと思います。

青木

「日本でいちばん大切にしたい会社大賞」には経営の透明性も審査項目の一つになっています。その中でオープンにしている会社は上場をめざしていたり、オーナー経営者ではなかったり、はっきり色があります。

アチーブメント自体は、自社の経営をガラス張りにして、社内で成功した方法をコンサルティングサービスとして提供しています。選択理論とアチーブメントテクノロジーが広まって、不満足な人間関係に起因するあらゆる不幸がなくなることを目的に、人材育成ノウハウはすべて開示しています。経営者向けの塾では社内会議を聴講してもらったり、採用の方法、人事制度、社内報もすべて公開しています。

アチーブメントグループ子会社・関連法人・財団などは、決算書を現場責任者に渡しているので、数字はオープンになっています。

本社は売上結果と目標との差異は毎日全社にメール配信されます。今ようやく簿記の資格をとるように指導しはじめて、決算書を読む力を身につける育成をしています。

離職が生まれるのは、外的コントロールを使われることによる人間関係の葛藤、本人の知覚する力量と会社の評価とのギャップ（権限がない、報酬が少ない）。この二つだと三十年の経営経験から実感しています。

人が育つために、人材育成方法、営業の方法、経営の判断基準などすべてガラス張りにしています。

また、給料の五倍を超えた数字（付加価値）を出した人には、手厚く還元していくことに目を向けているので、純利益の約三割を決算賞与として出しています。もし上場すれば株主への配当を考えて、それだけの賞与を出すことは難しくなります。

ダム経営

今、日本の実情を見ますと、設備のうえにダムがないですよ。設備をどんどん増やした。そして製品が全部売れると思ったところが売れない。それでやむを得ず設備の二十パーセントを余らせる。これはダム意識によって余らせたんではございません。売れるだろう、儲かるだろうという、経営意欲に駆られてやったのであって、ダム意識によってそういうことになったんではないと思います。

私の言うダム経営というものは、最初から一割はつねに余分に設備をつくっておかないといかん、それは社会的事変に対するところの企業家の責任であるという自覚でありますす。その自覚において、普通の需要を正確に設定いたしまして、変事に備えるために一割の設備増強をやっておく。これは意識のうえにある。これが私はダム経営やと思うんです。

（中略）

資金のうえにもお互い資金のダムをつくらないといかんのです。そこに入れておかないといかん。必要に応じて資金を使う。要らんときにはダムで余らせておく。こういうことをやっぱりやらなくてはならんと思います。そうでないと安定経営というものが生まれてこないと思います。

今日わが国の経営態度を見てみますと、資金のダムなんてほとんどございません。資金は、ダムが空っぽになってしまっている。そのうえにまだ雨が降らんからというて、願うがごとく銀行へどんどん交渉に行っている。

そうでありますから、そこに非常に資金的に無理があります。だから、資金を獲得するために安売りをする、横流しをする、原価販売をするということになる。そこに過当競争がまた起こってくる。資金のダムをもっていないという経営の在り方、私はこれはもういけないと思います。これは今後において、やはり是正していかねばならん問題だろうと思うんです。

（昭和40年2月11日・第3回関西財界セミナー）

佐藤　河川にダムをつくり、雨が降ったときに水を蓄えて、日照りとか乾期のときに流すことで水不足が防げるように、松下は経営のあらゆる面に適切なゆとりをもっておくことによって、何か事が起こったときに対応できるよう意を注いでいました。

「ダム経営」という言葉を松下がはじめて使ったのは、記録に残っているかぎりでは、昭和四十年二月の第三回関西財界セミナーです。もう戦後の非常時ではないので、欧米企業のような安定経営を志して社会の発展に寄与していくことが必要であると提唱しました。

ただ、松下は戦前から内部留保を心がけていて、たとえば銀行からお金を借りるときでも二百万円必要なら四百万円借りて半分は貯金しておくようにしていました。

両建預金と言って、当時の銀行がよく企業に求めたことを、松下は銀行から要請を受けなくても自ら実践していたのです。それによって銀行から「松下さんの経営は非常に手堅い」と信用を博したということです。

商品開発・技術開発のダム、企画のダム、人材のダムなど、経営の各面にダムをつくっておこうとしたのが松下でした。たとえば画期的な製品をつくっても他社が翌月には追随してくることを見越して、新しくつくったものを競合会社がつくったものとして、それをライバルにさらにいいものをすぐに開発できる技術開発力を養っておくことが、技術開発のダムです。

あるいは、爆発的に売れる製品ができたとき、ただちに増産をかけられるよう、工場はつねにフル操業ではなく、八割の稼働で収支がとれるようにしておく。需要が急に高まったときには残りの二割を使って対応することで、欠品がなくなります。

人材も、次の事業や新分野を手がけるときに人がいないということにならないように、ある程度のゆとりをもって確保しておく。一見無駄なように見えても、将来何か起こったときに慌てずに対応するための備えなので、余剰人員ではありません。

時代によって、経営状況によって、業種や業態、あるいは企業の規模によって、ダムの基準は異なってきます。また優先順位はなく、各面で並行してダムをつくっておく必要があります。

資金のダムがあると、それなりの設備投資ができ、ゆとりのある稼働ができるわけですが、しかし、人材が足りなければ工場は稼働しません。すべての面で余裕をもっていないと、あらゆる事態に対応できなくなり、機会損失やロスが生まれてくるわけです。

なぜ松下がダム経営を心がけたかと言えば、さきに述べたように、企業は社会の公器だという意識があったからです。関係者が増えてきて、松下電器に依存する代理店なども出てきて、松下の決断しだいで大きな損失を負わせてしまいかねない。

しかし、お得意先も含めて路頭に迷わすわけにはいかない。松下家が破産して、自ら赤貧の少年時代を送っていたことから、関係者が自分と同じような悲惨な目に遭わないように、何か起こったときでもそれに影響されないよう、ある程度のゆとりをもつべきだと考えていたのです。

事にあたり、それがダムづくりにつながるのか、適切なゆとりが生まれるのかという観点から判断することも、心すべきポイントの一つと言えるでしょう。

青木

これは幸之助さんから学んだ経営手法の中でもいちばん大きなものでした。時間を貯めることはできないけれども、時間をお金に換えることによって、時間そのものも蓄えられるという見方ができます。すなわち、優秀な人材を雇うことによって、未来に投資できるようになり、会社はほんとうに大きく発展していきます。

三十年経営してきて、振り返るといちばんのターニングポイントは四十七歳で始めた新卒採用だったと実感します。そこでよい人材に投資したことで、自己資本比率七十パーセントを維持して、実質無借金経営で毎年右肩上がりで二十年間業績が伸び続けています。

現在、新卒の割合が八十五パーセントで、平均年齢もまだ二十九歳ほどですから、あと十年たったときには、相当実力のある会社になっていると思います。

当社は創業三十年を迎えた今から将来性があります。そこに見通しが生まれて、優秀な人材が共に働いてくれます。


資金に関しては、昔苦労した経験もあり、できるかぎり手金で勝負しようと思って、つねに十億円のキャッシュがプールされている状態ですから、銀行も驚くような低金利で貸してくれます。

設備投資型の仕事ではないので、あえて資金を借りる必要もないのですが。ただ、人材の採用と育成に関連した投資は直接費、間接費併せて十年で五億円近くしてきました。事前対応で人材のダムをつくっているわけです。

また、選択理論の提唱者であるグラッサー博士がご存命時に手紙を出して、選択理論の商標権を共同でもたせていただけるようお願いしました。これも事前対応です。

当社の顧問弁護士には、アチーブメントの創業時、社員が五名しかいない状態で「先生、これから会社を興しますので顧問弁護士をお願いできませんか？」と依頼しました。

弁護士は問題が起きてからではなくて、問題を起こさないためにパートナーシップを組むべき存在です。「こういうものの考え方が、青木さんの会社が順調にきている理由だと思う」と、顧問弁護士の先生にはおっしゃっていただいています。

中小企業の経営者は、会社の信用と個人の信用が一体化しています。いざとなったら経営者がすべての私財を売るわけです。だから、資金のダムは個人においても会社においてももっておかねばならない。父親が鉱山経営で、いつもお金の苦労をしているる姿を見てきたので、自分はお金の苦労のない経営をしようというふうに思って、ほんとうに四十二歳前後からお金の心配はなくなりました。

そもそも利益に対する考え方を変えなければ内部留保もできません。「業界の平均的な利益率が五パーセントだから」「最低十パーセントぐらいは……」といった考え方がおかしいのです。しっかり内部留保できるだけの利益を生み出せる経営をしなければなりません。

当社では自己資本比率は七十パーセントを維持すると決めていて、そこから溢れた利益は決算賞与で分配するけれども、自己資本比率が下がったら、まずそちらを先に補填します。


ダム経営はすると決めなければ実現しません。決めると方法が見つかります。わたしは個人の蓄財も貯金貧乏になるくらいしてきています。それくらい将来に対して蓄えてきました。

子どもに関しても教育費用はまったく惜しみません。いくら使ってもいいと思っています。教育は事前対応なので、教育費を惜しむような考え方はダム経営に反すると思っています。

健康管理にもお金を使います。何か事が起こってからのお金はなるべく使いたくない。事が起きる前のお金はいくらでも使う。こうした発想です。

中国で成功している経営者にこう言われたことがあります。

「青木さん、よくおぼえておきなさい。人を安く使おうとする経営者で、大きな利益を出している経営者はいない。優秀な人材に、ほかの人材よりも少し余分に給料を払って仕事してもらいなさい。優秀な人間を三割増しで使ったとしても倍の生産性を生み出すんだ。安い人間を使うと、コストがどんどん高くなっていく。その人に関わる経費というのは半端じゃないんだ」

まさにそのとおりだと思います。

適材適所の経営

私は人間というものは本質的に万物の王者といってもいいほどに偉大な存在ではないかと考えている。いいかえれば、無限の発展の可能性を持っているのが人間だと思うのである。そういう観点に立って、自分を生かし、他の人を生かし、万物一切を活用して限りない生成発展を生み出していくことが人間としての使命であり、それが人間には可能だということである。（中略）人を厳しくきたえ、育てることが大切なのも、人間が本質的にそのような偉大な存在であり、無限の可能性を内に秘めているからである。

（『人事万華鏡』ＰＨＰ研究所、昭和五十二年）

人材というものは待っていて現われるものではなく、また探してもそう容易に見つかるものでもない。むしろ指導責任の地位に立つ人々が、積極的に優秀な人を育て上げることが肝要である。

指導的立場にある人は、従来のごとく単なる職務、仕事の指導、統制のみでこと足れりとせず、さらにすすんで温かい愛情と情熱をもって、部下の精神面にまでも教導の手をさしのべなくてはならない。

仕事の能率というものは、一つにはその人の精神の持ち方や生活の事情や、職場の空気などによって左右されるものであるから、これらの点に細心の注意をはらい、相互の信愛と理解のうちに十二分に働けるように努める。また技能の養成についても、これを一歩誤れば伸びる芽さえたわめてしまうものであるから、本人の隠れた才能や、伸ばしきれない創意を、一つひとつ親切に引き上げるよう、つねに努力を怠ってはならない。

かくして適材適所おのおのそのところを得さしめれば、全体の機能を強化し、数倍の効率をあげうることは必定である。われわれの周囲には、まだまだ隠れた才能が埋もれている。一刻も早くこれらの人材を見つけ出し、それを育成することが、現下指導者としての大きな責務の一つではなかろうか。

（昭和18年5月1日・松下電器社員への講話）

佐藤

適材適所は戦前から、松下が実践に努めていたことです。人間はダイヤモンドの原石のようなもので、一人ひとりが磨けば光る無限の可能性をもっている。役に立たない人はいない、無用な人はいないという人間観がその根底にあります。

天は二物を与えないと言いますが、これは、一物はみんなに与えてくれているとも言えます。誰でもその人にしかないものがある。それを発揮させてあげるのがその人を幸せにし、それが最も成果を高めることになると松下は考えていました。

松下は、もって生まれた天分をすべて発揮して生きることが人間としての成功であり、幸せだという幸福観をもっていました。その一人ひとりの天分、能力、持ち味といったものを松下電器の中で発揮させてあげたい。つまり適所に、その人にふさわしいところにつけてあげる。その人の能力、持ち味、天分が活きる仕事につかせてあげる。そうすれば、やりがいを感じつつ仕事ができるし、仕事に身が入って仕事の成果も高まる。その総和により、松下電器の経営全体もよくなると考えていました。

ただ、この人はどういう天分をもっているのか、持ち味があるのか、なかなかわからないところがあります。〝好きこそものの上手なれ〟と言うように、本人がやりたいことをやらせるのが適材適所のいちばんの近道だと松下は言っています。しかし、本人が好きだからといって向いているとはかぎりません。もっと違うところ、本人も知らないところに天分があるかもしれない。

だから、天分を見つけ出して発揮させるのが人を育てることだと考えて、松下は人が活きるように経営をしてきたのです。

創業したころは、名もない小さな町工場である松下電器に優秀な人材が来ることは望むべくもありませんでした。むしろ標準以下の人がほとんどでした。中には人間的に問題のある人もいたでしょう。でもいろいろ指導しながら、そういう人を使ってきたのです。

すると、最初は役に立たないと思っていた人でも、仕事ができるようになり、活躍するようになってくる。そういう例をたくさん見てきたのではないかと思います。

だからこそ、まったく役に立たない人はいないんだ、それぞれがよいものをもっているんだと実感したのではないでしょうか。そうした経験が積み重なって、戦後の「新しい人間観の提唱」につながっていきます。

とはいえ、玉磨かざれば光なし。どんなに美しいダイヤモンドでも、原石のままでは光りません。磨いてこそ燦然たる光を放つのです。

戦前、松下乾電池株式会社で新入社員と松下が懇談する機会がもたれました。そのとき入社後の感想を求められたある社員が立ち上がって言いました。

「松下電器はえげつない会社だと思います。自分は無線の資格をもっていて、松下無線株式会社の専務が学校の求人に来たので、当然松下無線に入れると思って選考を受けたのに、松下乾電池といういちばん汚れの激しい仕事にまわされてしまいました。

朝から晩まで黒鉛や二酸化マンガンの調合を真っ黒になってしないといけません。意に沿わないうえに、困難な仕事につかされて辞めようと思いましたが、今となっては行くところもないので仕方なくこの仕事をしています」

これを聞いた松下はこう答えました。

「それは考えと違って大変なところに配属になったたな。でも松下電器はいい会社やで。きみ、騙されたと思って十年間辛抱してみい。そして十年たって、それでも今と同じ気持ちやったら、わしのところへ来て頭をポカッと殴り、『松下、おまえはおれの十年を棒に振ってしまった！』と言って辞めたらええやないか」

二十年後に、その新人は乾電池の工場長になっています。彼を乾電池に配属させたのは、当初から適性があると見込んでのことではなかったと思います。

しかし、松下は、本人の心がけしだいで、自分でも思いもよらなかった才能が発見されることもある、また仕事をしていく長い道のりにおいては、一時の不遇を感じたとしても後々貴重な財産になることを深く理解していたのでしょう。

天分や適性を見つけるには、本人がそれを見出したいと強く願って探すことが基本です。

ただし、本人よりも周りのほうがその人のことがよくわかるということもあります。「きみはこちらが向いていると思う」と言ってあげたりしながら、できるだけたくさんの人が自分に向いた仕事を見つけられるようにする。

もしかりに松下電器で天分を発揮できないのなら、よそへ行って働いてもらったほうがいいと、松下はそこまで徹していたのではないかと思うのです。

とくに人に仕事を任せるようなときは、この適材適所を頭に置いて誰をあてるか判断していくことが肝要です。

青木

仕事をさせてみなければ本人の適性はわからないことがあります。ただ、選考のときからある程度、適性を考えながら採用をしています。

仕事を通して本人のよいところを引き出していけるように組織の必要性と本人の願望のすり合わせをしながら、いろいろな部署を経験させて、最終的には落ち着くところに収まっていくのだと思います。

わたしはその人の人生は、「先天的特質×環境×本人の選択」の掛け算でつくり上げられると考えていて、生まれもって天から与えられたものを、最大限開花できる職場に恵まれた人は幸せだと思います。

ただ、本人の求める心がどれだけ強いかが大切で、わたしも与えられた職場で精一杯自分を活かそうと思って、本気で取り組んだから道が開かれました。

昔から同僚の中でいちばん上司にかわいがられてきました。なぜなら、上司の望みをかなえようと思って生きてきたからです。

セールスマネジャーのときもメンバーはよく働いてくれました。ナポレオン・ヒルの『成功哲学』をバイブルにして毎日トレーニングし、メンバーの考え方が前向きになったのは、この人は本気で自分を成功させようとしてくれているとひしひしと感じたからではないかと思います。だから期待に応えよう。そこまで思ってもらえるならがんばってみようと、上司の期待によって天分を発揮する本人の選択ができたのだと思います。

あとは自信を育んでいけるような仕事の任せ方をしなければなりません。アチーブメントはよく部署異動をする会社です。「社長はどうしてあのタイミングでああいう人事をしたんですか」とよく言われます。

仕事内容もさることながら、どの上司の下で働くかが重要だと思っています。かりに仕事で成果を出せなかった社員に対しては、「ぜひわたしに任せてください」と言う熱意がある上司の下に配属します。愛情のない人間の下では、人は伸びません。

名古屋営業所では新卒の子にチャンスを与えました。入社三十年になる大ベテランをサポート役として付けることで、若い子が活き活きと仕事ができる場を与えながら、何としても支社に昇格させる応援をすることによって、モデルケースになり、ほかの若い社員の見通しにもなります。社員には幸せになってもらいたいわけです。人を活かしたいという気持ちは大前提です。

また、昇格より降格人事のほうが難しいのです。一度得た仲間は失わないし、罰を与えることはしないけれども、反省を促します。
「おまえだからできる。実績をつくって実力を証明しなさい」と、内発的に動機づけられるような大義名分を掲げて、本人の主義主張を真っ向から否定することなく、事実に立脚したフィードバックをし、ルール、システムに公平に従うという意味で降格をします。

人間にはプライドがあり、面子を潰されると離職を考えてしまいます。お金の問題ではありません。「これは仕方がない」と本人も思えるような仕組みが大切です。

経営者のさじ加減で昇格降格を決めると必ず不満が出ます。罰ではなく人事考課の仕組みに従って人事をおこなうのです。

共存共栄の経営

企業は社会の公器である。したがって、企業は社会とともに発展していくのでなければならない。企業自体として、絶えずその業容を拡大させていくことが大切なのはいうまでもないが、それは、ひとりその企業だけが栄えるというのでなく、その活動によって、社会もまた栄えていくということでなくてはならない。また実際に、自分の会社だけが栄えるということは、一時的にはあり得ても、そういうものは長続きしない。やはり、ともどもに栄えるというか、いわゆる共存共栄ということでなくては、真の発展、繁栄はあり得ない。それが自然の理法であり、社会の理法である。自然も、人間社会も、共存共栄が本来の姿なのである。

（『実践経営哲学』ＰＨＰ研究所、昭和53年）

皆さんもご承知いただいておりますが、私が商売をいたしまして三十九年になるのであります。この三十九年のあいだ、一貫して努めてまいりましたのは、私はほんとうに――これは心から申しあげられるのでありますが――「松下電器の繁栄ということと、我が業界の繁栄ということ、これをつねに同時に考えて仕事をしなければならない。業界なり、その他経済界がどうあろうとも、松下電器だけが繁栄するということは、結局において許されないことである」つねにこの観点に立ちまして、共存共栄の実を中心といたしまして、一切の施策をしてきたと思うのであります。

（昭和32年10月29日・近畿地区ナショナル有力連盟店懇談会）

松下電器は相当輸出もしておりますし、海外で工場を経営しているということもございます。しかし、これらの会社の指導精神というものは、基本的には共存共栄ということ、その国のプラスになるということを主眼として、一切が勘案されておりますす。結局、そういう指導精神が、結論としていちばん会社の利益に結びつくということになるわけであります。ですから、多くを与えて、そして多くをもらうということになっている。そういう基本方針を今日まで堅持してやってきております。

（昭和52年6月10日・ジェトロ一行懇談会）

佐藤　お得意先、販売会社、代理店、販売店、消費者の方々、銀行、地域社会、業界……。そうしたところと共に発展していこうという考えが共存共栄です。

松下は、昭和二年から四年にかけて企業の社会的責任についての考え方を明確にもつようになったわけですが、自叙伝『私の行き方 考え方』（PHP文庫、一九八六年）の中に、「共栄の実をあげよう、（中略）代理店のための松下電器、業界の松下電器である、松下電器は人様の預り物である、忠実に経営し、その責任を果たさなければならない」というくだりがあります。そのあとはずっと共存共栄が松下の経営基本方針の大きな柱になりました。

松下の活動を昭和一桁からたどっていくと、業界との共存共栄をつねに考えていたことがわかります。昭和七年、ラジオ設計に重要な多極真空管の特許について、発明家のA氏とラジオメーカーのあいだで係争問題に発展していました。

松下は性能のいいラジオをより多くの国民に使ってもらいたいと考えていたので、

当時の松下電器の規模からすると法外の金額を投じて特許を買い取り、即刻同業者に無償で公開しました。この行為は業界全体の成長発展に多大な貢献を果たしたと評されています。

また、昭和十一年には、松下電器、代理店、販売店の三者（製造、配給、販売）それぞれが利益を出せるように、代理店契約の更改にあたって『松下電器の経営精神に就いて』という冊子をつくり、代理店に配っています。ほかにも通達文やさまざまな記録から、松下の共存共栄の志向が随所に見られます。

松下の自然・宇宙観の中に、すべては対立しつつ調和しながら生成発展していくという考えがあります。対立とはお互いにいがみ合っている関係ではなく、独立して存在している一対一の関係であり、そのあいだの調和を保っていくことによって世の中が発展していくということで、この考えが共存共栄のもとにあるのです。

松下はＰＨＰ研究を始めてから〝対立と調和〟ということを言うようになりまし

た。たとえば地球と太陽は対立しています。地球は地球、太陽は太陽の動き、働きをしながら、そこに調和を保っている。調和が崩れれば地球上の生物は滅んでしまうわけです。山と川もそれぞれ独自のものとしてそれぞれに存在し、自己主張しながら秩序を保ち、大自然は生成発展しています。

生成発展が自然の理法であり、対立しつつ調和するところにそれぞれの個性や特質が発揮されて生成発展が生まれるのだと言っていました。

同じように松下電器、代理店、販売店がそれぞれもたれ合っていたら発展しない。昭和三十年代の後半、神奈川県の販売店の人たちを集めた会合で、松下に対し、担当者を困惑させるような質問が出ました。

「松下電器が利益をあげているのに、販売店や代理店は過当競争で苦しんでいる。共存共栄と言いながら、われわれが何とかしてくれと頼むと、すぐに自主責任経営だと言う。都合がよすぎやしませんか？」

そのとき、松下は顔色ひとつ変えずに、こう答えました。

「共存共栄と自主責任経営はまったく矛盾しません。そもそも自主責任経営ができない人は、商売をする資格がありません。自分のことに責任をもてないような人と誰が一緒に仕事をしますか？

わたしも自主的に経営をしっかりできる人と力を合わせて仕事をしたいと思っています。お互いに独立、自立していてこそ付き合える。自主責任経営があってはじめて共に栄えていくことが可能になるのです」

すべての関係先との共存共栄こそが、企業自体を長きにわたって存続、発展させる唯一の道であるというのが、松下の一貫した信念であり、その時々に下す決断もお互いの共存共栄に資するかどうかに基づくものだったと言えるでしょう。

青木

会社はお客様、お取引先、株主、社会、国家、すべてバランスの中に存続し続けているものだと思っています。一見、自社の利益だけを追求していくほうが合理的な経営だと思えますが、長期的な視点で見るとバランスをとることが最適なのだと気づきます。

人材教育コンサルティング事業は属人的なので、コンサルタント一人ひとりの能力に会社の信用がかかっています。医者、弁護士、会計士といった専門職と同じように、社員一人ひとりが責任をもってお客様との約束を果たす仕事を着実に積み上げていくことが大切です。

自分が成功させたい人で、その人の成功が自分の成功になる人のことをパワーパートナーと言います。お客様はパワーパートナーだからこそ、交渉術でいかに高く売りつけるか、効率よく売るかという発想の営業はしません。

お客様から選ばれるセールスパーソンになるためには、売り切りの営業をするよりも、継続してお付き合いしていただけるほうが望ましいわけです。Business to Fun という戦略で、お客様からのご紹介を大事にしているから三十年続いています。

個人を対象とした研修プログラムの営業は簡単ではありません。高単価の商品を新規開拓ばかりで営業しようとすると相当のランニングコストがかかって経営は続きません。お客様からの善意の紹介があるから成り立っている事業です。

なぜ紹介をしてくださるのかといえば、お客様の満足を追求しているからだと思います。当社はセミナーではなく、お客様が目標を達成する技術を売っているわけです。それが自社とお客様との共存共栄につながっているのだと思います。

BtoBのビジネスだと、弱い側のほうから力の強い側には意見しにくい現実もあります。よく商慣習と言われます。当社ではある大手の印刷会社から三ヵ月後の支払いがルールになっていると言われました。

ところが、「当社のサービスは研修ですから、本来は前受金の仕事です。とはいえ、法人様については組織のオペレーションがあるでしょうから、月末締め翌月末支払いで提供させていただいております」と伝えて、月末締めの翌月末支払いにしていただきました。

物事の道理を通してもらうためには、技術がなければいけません。意見が通用するだけの健全な力（その会社にしかないノウハウ）をもつことが必要です。

日本的経営の本質にあるものは共存共栄だと思いますし、それがよさだと思います。わたしは創業したときに同業の研究をせずに裏千家の研究をしました。五百年近く続いている理由はそこに道があるからです。目先の損得を優先する企業の在り方は健全ではないと考えて、仕事の質を追求しました。

自分さえよければいいという発想では、目先の損得にいつも動かされてしまいます。そのような社員が増えたら、企業はどうなってしまうでしょうか。

アチーブメントでは社内の掃除を率先してする人は評価されます。マネジャー陣も進んで掃除をおこないます。

地位が上に行けば行くほど偉ぶらずに、周りの人に感謝しながらお互いに助け合っていく。そうした文化を醸成していきたいのです。人間は生まれるときも、死ぬときも人の力を借りています。一人で生きている人なんてどこにもいないのです。

専業に徹する経営

業種により、また会社により、総合化していくほうがいいという場合もあるだろうが、概して言えば、これからの中小企業は専門化の方向へすすむべきではないかと思う。

現在、二つの仕事をもっているのであれば、思い切ってそれを整理して一つにしていく。一つは捨ててしまうわけである。その代わり残った一つについては、これを徹底的に深めていくというやり方をとるべきではないかという感じがする。それによって、人手も技術もそれに集中することができるし、資金のより効率的な運用も可能になってくるであろう。そこから非常にすぐれた製品、高い成果というものが生み出されてくると思う。

昨今、大企業が中小企業の分野に進出してくるということが、しばしばあるようであるが、中小企業のほうがこういう姿で一品に徹していくならば、決して競争に後れをとるということはない。「自分のほうはこれ専門なのだ。むこうはいろいろほかにも大きな仕事をやっているのだから、これに専心できるわけではない。負けるものか」という信念なり心意気であたれば、心配は要らないと思う。

ところが、ともすれば多少余力があると、二つの仕事を三つにして、業容を大きくしていこうということを考えてしまう。そうなると、かたちのうえでは立派になっても、内容はかえって弱体化し、競争にも後れをとるということにもなりかねない。

業種なり、仕事の性質によって違ってくるだろうが、やはり間口を絞って、奥行きを深めていくというか、一品をもって世界に雄飛するのだ、というような方針で経営をすすめていくことが好ましいのではないだろうか。

（『オール生活』昭和44年2月号）

佐藤　パナソニックは手広く事業を展開しているイメージがあるかもしれません。しかし、松下は戦前から一業に徹すると言っていました。タカラ椅子（現・タカラベルモントグループ）は、理美容椅子一品で世界シェアの七割八割をとっているという話をよく例にあげていました。

普通は多角化すると、一つがダメでもほかのものでカバーできるため、リスクが少なくなると考えがちです。しかしそれは、自主責任経営ができていないことになります。一つひとつの事業が自主責任経営を果たせるなら、柱がいくつあってもいいわけです。

企業の力は限られています。あれもこれもより、一つに集中して徹底的に掘り下げたほうが成功する確率が高いと言えます。戦後まもないころでも、松下は専業に徹することを方針として打ち出していました。

事業部も枝分かれしていったわけですが、時代の流れ、技術の進歩から、一つのものを二つに分けて、それだけに専念させました。

たとえば、うまくいっていなかった炊飯器について、あえて炊飯器事業部を立ち上げています。大きな事業部の中で一製品としてつくるよりも、赤字のものは切り離して徹底的にそれだけに専念させたのです。できるだけ背水の陣を敷いて、とにかくこれで事業が成り立たなければ、あとがないんだという経営を松下はしました。

昭和八年に事業部制を敷いたときには三つだった事業部を翌年四つにし、さらに十年には九つに分けて分社制にしました。松下はつねに一つひとつの製品が事業として成り立つことを基本としたわけです。

たとえばラジカセをつくるときに、ラジオ事業部と録音機事業部がそれぞれ独自に取り組むという重複もありました。ただ、それぞれがよりすぐれた製品をつくろうと社内で競争して、よいものが残っていったのです。

ワープロやビデオも複数の事業部や関連会社で開発されていて、昭和五十年代まではそれでもよしとされていました。

百以上の事業部があると、どこでどんな開発をしているのかを把握するだけでも大変で、調整も難しいものです。後年は事業ドメインで括ったり、あるいは事業本部制にして、似ている事業は本部長が管轄し、事業部間の調整を図っていました。

組織がつねに改編されていたのがパナソニックの歴史です。これが絶対によいという正解はないわけです。どれがいちばんよいかを選択して、不都合が出てきたら変えていく。ただ、基本の考えは専業に徹するということです。

専業に徹するということは、適正経営の一つとも言えます。限られた自分たちの経営力、販売力、技術力、資金力というものの範囲内でやっていく。もてる力を集中的に使っていけば、一つの事業でも、タカラ椅子のように世界で七割八割のシェアをとることができる。そういう見方をしたほうが誤りのない着実な歩みができるということでしょう。

青木　アチーブメントは選択理論をもとに、人間関係の不満足を解消する、良好な人間関係と目標達成を一つにするための技術をコンサルティング、研修で提供しています。物心共に豊かな人生を実現するためにはマインド・ノウハウ・スキルが必要で、その技術を選択理論をもとにした研修で提供するという専業意識がとても強いです。

人材教育以外の事業もおこなっています。しかし、儲かるから何かをするという発想はありません。

たとえば、良質な情報との出会いは人生を根本から変えるという考えのもとで、世の中をよくする教育の一環として出版活動を始めました。

また、ＪＰＳＡ（一般財団法人日本プロスピーカー協会）を設立し、ベーシックプロスピーカーからマスタープロスピーカーまで一万人を育成しようとしています。

飲食事業も医療法人も社員とお客様の健康管理のために始めました。利益目的のグループ会社は一社もありません。アチーブメント本体がメインで、さきに述べた五つの基本的欲求を満たす活動をそれぞれがおこなっていく。人々の人生の質の向上に寄与することが当社の事業目的です。

まったく異業種のことをすると九分九厘赤字になります。ビジネスチャンスだけを求めて、ノウハウがないのに多角化するのは戦力が分散します。成功している例のほうが少ないと思います。

新日本製鐵（現・新日鐵住金株式会社）は本業の鉄鋼業からバイオの研究開発にも力を入れています。生き延びる戦略としてというのもあるでしょうが、多角化ではありません。フィルムからヘルスケア分野に展開している富士フイルム株式会社などもまさにそうです。全力でそこに向かうわけです。

本業に対する質の追求がぬるいと多角化を考え出します。目先の損得を追うと時代のしっぽを追いかけることになります。流行はすぐに変わるので、そのたびに事業も右往左往します。

経営とは時代の半歩先で事業を育てればよいのです。今の事業を深掘りすることで、他社よりもすぐれた商品・サービスが生まれ、競争力になっていくのです。

おわりに

青木

まさに繁栄と幸福と平和というものが人類の永遠のテーマであると思います。自分も貧しい家の出なので、「物心両面の繁栄があってこそ平和も幸福も実現する」という幸之助さんの考え方に共感しています。精神論によることのない、健全な自立、力を感じる、とても好きな言葉です。

ともすると、もたれ合うような弱さからくる優しさになりがちです。わたしの父は何とかなるだろうという依存心、甘えがあったのだと思います。だからあれだけお金の苦労をしたのだと。

何とかなるではなく、何とかする。経営者は責任を自覚して先へ先へと手を打っていく。そういう中に社員の幸せもお客様への奉仕も社会への貢献もあると思います。今回の本で再確認をさせてもらいました。当社の経営もよい方向に向かうきっかけを佐藤さんからいただけたと思います。

最後に幸之助さんがなぜ成功したのか？　改めて最大の要因を教えていただきたいと思います。

佐藤

いつもあげているのは次の三つです。

◎確固たる経営理念を確立して、従業員、お得意先、関係先に浸透させることを貫いた。

◎何が正しいか、何が自然の理法に従うことなのかを考えて、真理に従おうとした。
◎人間の本質をしっかり押さえ、本質に合った経営をした。

松下は、先述したように、人間はダイヤモンドの原石のようなもので、誰でも磨けば光る無限の可能性を秘めているという考えをもっていました。また、人間は万物の王者とも言うべき崇高にして偉大な存在であるという人間観がベースにあり、一人ひとりの、その人にしかないすぐれた天分を発揮させ、活かしたいと思って経営をすすめていました。松下の人間としての成功とは、自らの天分を百パーセント発揮して生きることでした。

松下は、自分は経営者としては成功したかもしれないけれど、人間としてはわからないということも言っています。けれども、わたしは、その面でも十分、松下は成功したのではないかと思います。

青木

本書では、経営者の判断の本質を掘り下げていきました。最後に読者の方々へメッセージをお願いします。

佐藤

人間は判断において既成概念、私欲私心といったものをどうしてもなくすことができません。しかし、それらをできるだけ脇に置いて、何が正しいか、何が世のため人のためになるのかを考える。それを基準にして物事を判断していけば、必ずや誤りのない判断なり、決断ができるのではないかと思います。

難しいことですが、素直な心をもち、衆知を集めれば必ずできます。それを心がけることが大事だと思います。

青木

本書を何度も読み、歴史に名を残す偉大な松下幸之助さんの判断基準、判断力の元を掴んでいただきたいと思います。よい経営者としてよい判断力をどうしたら身につけられるかをつねに考えて、求める心をもって読み返してもらいたいと願っています。

松下幸之助 略歴

明治27年（1894）	11月27日和歌山県海草郡和佐村千旦ノ木で松下政楠、とく枝の男３人、女５人の８人きょうだい末子として出生
32年（1899）	父・政楠が米相場に失敗、和歌山市内に移住
33年（1900）	次兄病没
34年（1901）	和歌山市雄尋常小学校入学。次姉、長兄相ついで病没
37年（1904）	雄尋常小学校を４年で中途退学、単身大阪に出る。大阪市南区（現・中央区）八幡筋宮田火鉢店に奉公
38年（1905）	大阪市東区（現・中央区）船場堺筋淡路町、五代自転車店に奉公
39年（1906）	四姉、三姉、父・政楠相つぎ病没
43年（1910）	五代自転車店を辞め、桜セメント会社の臨時運搬工に。大阪電燈㈱に入社
大正２年 （1913）	大阪市関西商工学校夜間部予科に入学。母・とく枝病没
３年 （1914）	大阪市関西商工学校夜間部本科中退
４年 （1915）	９月４日井植むめのと結婚
６年 （1917）	大阪電燈㈱を退社、大阪市猪飼野でソケットの製造販売に着手
７年 （1918）	大阪市北区（現・福島区）西野田大開町で松下電気器具製作所開設。アタッチメントプラグ、二灯用差し込みプラグの製造販売を始める
８年 （1919）	五姉病没
10年（1921）	長姉病没
昭和４年 （1929）	松下電器製作所と改称。綱領・信条を制定し、松下電器の基本方針を明示する。第２次本店・工場竣工
７年 （1932）	宗教のもつ偉大さ、不思議さに感奮し、自らの経営の真の使命を悟る。5月5日を創業記念日に制定、第1回創業記念式典を挙行し、産業人の使命を闡明、この年を命知第１年とする
８年 （1933）	事業部制を実施。朝会・夕会を実施。大阪府北河内郡門真村（現・門真市）に第３次本店・工場竣工。松下電器の遵奉すべき五精神（のちに七精神となる）を制定
10年（1935）	松下電器製作所を株式会社組織とし、松下電器産業㈱を設立。従来の事業部制を分社制とし、９分社を設立
13年（1938）	紺綬褒章を受章

昭和15年（1940）	第１回経営方針発表会を開催（以後、毎年開催）
18年（1943）	勲五等瑞宝章を受章
20年（1945）	終戦。その翌日、幹部社員を集め、平和産業への復帰を通じて祖国の再建を呼びかける
21年（1946）	松下電器および幸之助が、ＧＨＱから財閥家族の指定、公職追放の指定等７つの制限を受け、経営が苦境に陥る。11月３日ＰＨＰ研究所を創設、所長に就任
24年（1949）	負債10億円となり、税金滞納王と報道される
25年（1950）	財閥家族の指定をはじめ諸制限の解除によって状況はようやく好転、経営も危機を脱する
30年（1955）	所得番付で初の日本一になる
31年（1956）	経営方針発表会で５ヵ年計画を発表。経済団体連合会常任理事に就任。藍綬褒章を受章
36年（1961）	松下電器産業社長を退き、会長に就任。和歌山市名誉市民となる
37年（1962）	『タイム』誌のカバーストーリーで世界に紹介される
39年（1964）	熱海で全国販売会社代理店社長懇談会を開催。その後、営業本部長代行として、経営の指揮にあたる
40年（1965）	週休２日制を実施。㈶国立京都国際会館理事長に就任。勲二等旭日重光章を受章。早稲田大学名誉法学博士の学位を受ける
43年（1968）	松下電器創業50周年記念式典を挙行。発明協会会長、霊山顕彰会初代会長に就任
45年（1970）	勲一等瑞宝章を受章
46年（1971）	㈶飛鳥保存財団初代理事長に就任。慶應義塾大学名誉博士の学位を受ける
48年（1973）	松下電器創業55周年。会長を退き、相談役に就任
50年（1975）	同志社大学名誉文化博士の学位を受ける。神道大系編纂会設立に伴い会長に就任
54年（1979）	和歌山県から名誉県民の称号を受ける。㈶松下政経塾を設立、理事長兼塾長に就任
56年（1981）	勲一等旭日大綬章を受章
62年（1987）	勲一等旭日桐花大綬章を受章
平成元年（1989）	４月27日死去、享年94

著者：佐藤悌二郎（さとう・ていじろう）

新潟県生まれ。昭和55（1980）年、慶應義塾大学文学部卒業後、株式会社ＰＨＰ研究所に入社。研究員としてＰＨＰ理念および創設者・松下幸之助の経営観・人間観等の研究に従事。『松下幸之助発言集』全45巻（ＰＨＰ研究所）をはじめ、松下幸之助に関する多数の書籍、テープ・CD 集等の原稿執筆、編集、制作にあたる。その間、松下幸之助主宰のＰＨＰ理念研究会にて、ＰＨＰ理念の集大成に携わる。

おもな著書に『松下幸之助の生き方』『生きていることの奇跡』『松下幸之助・成功への軌跡』『経営の知恵・トップの戦略』『リーダーの心得ハンドブック』『名経営者に学ぶ「商道」実践コース』（以上、ＰＨＰ研究所）、『図解 松下幸之助の行動学』（東洋経済新報社）、編著に『松下幸之助から未来のリーダーたちへ』（アチーブメント出版）、共著に『松下幸之助に学ぶ希望の哲学』（同上）などがある。現在、株式会社ＰＨＰ研究所専務取締役。

著者：青木仁志（あおき・さとし）

北海道函館市生まれ。10代からプロセールスの世界に入り、国際教育企業ブリタニカ、国内人財開発コンサルティング企業を経て1987年、32歳でアチーブメント株式会社を設立。自ら講師を務める公開講座『頂点への道』スタンダードコースは講座開講以来26年間で660回毎月連続開催、新規受講生は33,318名を数え、国内屈指の公開研修となっている。その他、研修講師として会社設立以来延べ36万名以上の研修を担当。

2010年から3年間、法政大学大学院政策創造研究科客員教授として、講義「経営者論特講」を担当し、法政大学大学院　坂本光司教授が審査委員長を務める「日本でいちばん大切にしたい会社大賞」の審査委員も務めるなど、中小企業経営者教育に力を注いでいる。

2017年より、復旦大学日本研究センター 客員研究員に就任。著書は、22万部のベストセラーとなった『一生折れない自信のつくり方』をはじめ53冊。解題は『成功哲学』など4冊。うち11点が海外でも翻訳刊行。

その他：アチーブメントグループ代表、一般財団法人日本プロスピーカー協会代表理事、日本選択理論心理学会副会長この本を読んでいただき、ありがとうございました。
ご質問等がある方は、下記のメールアドレスまで何なりとお寄せください。
皆さまとの出会いを楽しみにしております。
青木仁志
Email:speaker@achievement.co.jp

アチーブメント出版
Twitter　@achibook
Facebook　http://www.facebook.com/achibook
Instagram　achievementpublishing

松下幸之助に学ぶ判断力

2017年（平成29年）10月12日　第1刷発行

著　者　佐藤悌二郎、青木仁志
発行者　塚本晴久
発行所　アチーブメント出版株式会社
〒141-0031　東京都品川区西五反田2-1-22　プラネットビル5F
TEL 03-5719-5503／FAX 03-5719-5513
http://www.achibook.co.jp
装丁――轡田昭彦
本文デザイン――朝日メディアインターナショナル株式会社
印刷・製本――株式会社光邦

©2017 Teijiro Sato, Satoshi Aoki Printed in Japan.
ISBN 978-4-86643-016-4
落丁、乱丁本はお取り替え致します。

アチーブメント出版の本

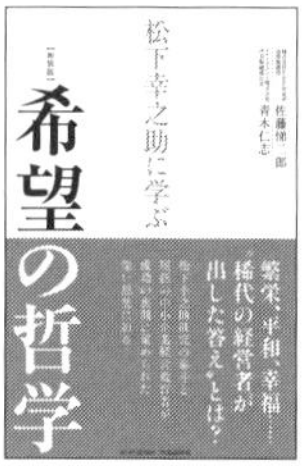

松下幸之助に学ぶ希望の哲学

松下幸之助が伝えたかった繁栄、平和、幸福の真髄とは？　往くべき道に大いなる希望を照らす時代を越えて不変の成功原則

佐藤悌二郎、青木仁志　共著

本体価格1500円＋税　四六判・上製本・184頁

ISBN978-4-905154-80-8

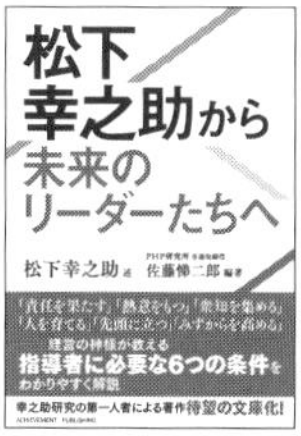

松下幸之助から未来のリーダーたちへ　文庫版

3000本以上のテープ、100冊の著書、30000点におよぶ文献から松下幸之助の経営者としての在り方、ものの見方を抜粋し、わかりやすく解説

松下幸之助　述　佐藤悌二郎　編著

本体価格650円＋税　文庫判・並製本・218頁

ISBN978-4-905154-86-0

クオリティ・カンパニー

資本金500万円、5名で創業した企業が無借金経営を継続し、新卒エントリー2万人超の人気企業へ――。無形資産を有形資産に変えて価値を生み出し続ける善循環モデル

青木仁志　著

本体価格1500円＋税　四六判・上製本・180頁

ISBN978-4-905154-40-2

アチーブメント出版の本

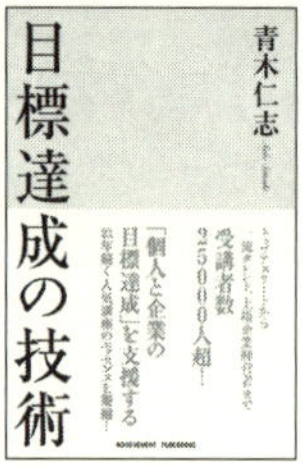

目標達成の技術

受講者数25000人超！「個人と組織の目標達成」を支援する21年続く人気講座のエッセンスを凝縮！

青木仁志 著

本体価格1400円＋税　四六判・並製本・288頁

ISBN978-4-905154-31-0

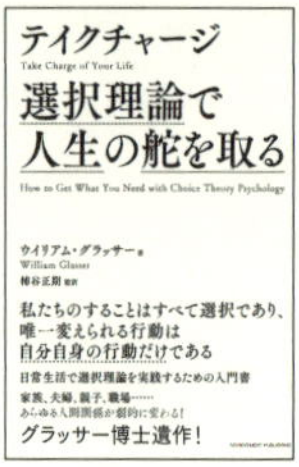

テイクチャージ 選択理論で人生の舵を取る

ウイリアム・グラッサー博士の遺作である選択理論心理学の入門書。世界62ヵ国に広がる心理学を活用すれば、幸せな人生の舵取りをするうえでより効果的な選択ができる

ウイリアム・グラッサー 著　柿谷正期 監訳

本体価格2800円＋税　四六判・並製本・408頁

ISBN978-4-86643-001-0

世界の最新医学が証明した 究極の疲れないカラダ

全米ナンバーワンの日本人スポーツカイロプラクターが教える疲れ知らず、衰え知らず、不調なしのカラダになるセルフケア

仲野広倫 著

本体価格1300円＋税　B6変型判・並製本・280頁

ISBN978-4-86643-011-9